JN106615

Theory of happiness for those
of us who won't ever meet
their bias or an oil magnate

推しにも石油王にも
出会えない
私たちの幸福論

描き子

kaqico

Discover

この本は　絶対幸せになりたい人のための人生攻略マニュアル本です

今　まさに不幸のどん底にいる人

不幸ってほどじゃないけどなんとなく毎日が冴えないな…という人

それなりに幸せだけどもっと自分の人生よくなるハズだと思う人も

残念ながら私たちアラブの石油王に道端で出会うことも

尊い推しとうっかり恋愛関係に発展することもまずないわけで

一発逆転なんか期待できない
自分で自分を幸せにするしかない私たちが
それでも幸せになるための本です

神頼みではありません
精神論でもありません

※神頼みや
精神論が
ダメって
ことではない

今日から取り組めて
ずっと使える
「幸せのレシピ」です

HAPPY

ところで自己紹介が
遅れましたが
私はSNSを足がかりに

本業は
デザイナー
(フリーランス)

絵や文章を使って
イラストレーター…?
エッセイスト…?
的な活動をしている者です

肩書迷子

描き子
KAQICO

自分のことも子どもや
夫のことも悲観して
泣いてばかりいた私が

不安すぎて眠れない…

超お気楽毎日たのしーお花畑
ウェイウェイになった方法
それがこの本の「心のフローラ論」

YEAHHH

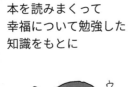

本を読みまくって
幸福について勉強した
知識をもとに

ウ〜ン

よりわかりやすい理論へと
まとめてみたつもりです

「心のフローラ論」は簡単に言えば
自分の心の仕組みを知り
そのありようを変えるための理論です

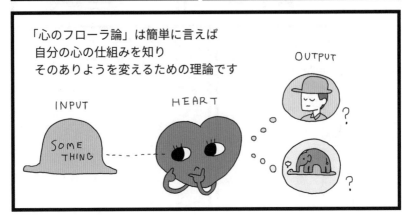

OUTPUT

INPUT   HEART

SOMETHING

?

?

実はあなたの心の中には生き物が棲んでいて
あなたの気分をコントロールしている…
そんなふうに言われたら

あなたはどう
思いますか？

どんな感想を持ったにせよ
その感想も実は心の中の
「アイツ」の声かも…！？

こんな変テコな話から幸福になる方法を解説する
「心のフローラ論」どうぞお楽しみください

1章

私 的 幸 福 論

4 章

心のフローラ論 からわかること

5 章

やってみたらわかったこと

6 章

許せないことを許す

7章

もっとゆるく
考えて生きていく

購入特典イラスト　心の善玉菌の餌リスト

心のポジティブな部分を活性化させる「善玉菌の餌リスト」を下記の
QRコードからダウンロードできます。お部屋やノートに貼って、いつで
も思い出せるようにしておくと便利です。

 DLサイト　https://d21.co.jp/special/kohuku/

ログインID　discover2764

ログインPass　kohuku

プロローグ

「 幸 福 」 に つ い て
本 気 だ し て み た

　数年前、苦しみのどん底にいた私が読みたかったことを
綴ったのが、この本です。
　しんどくてなにも考えられないときでも試しにやってみよう
かなと思えて、今日から実行できて幸福になれる具体的な
方法です。

　思えば小さい頃から、じっと考えごとをするのが好きでし
た。
　空想にふけるよりは、現実の世の中の仕組みだとか、人
間の心や人生についてなど、壮大かつ答えのないテーマ
について「ああだこうだ」と考えていました。

　幼い頃の私が当時一番疑問だったのは、「人はなぜ生き
るんだろうか」でした。
　まわりの大人たちは、幼い私の目には、あまり幸せそうに
映りませんでした。
　私やお兄ちゃんのできの悪さにイライラするお母さん。
　無口で心配性なお父さん。
　嘘ばっかり言う先生たち。
　お母さんには、よく電話がかかってきて、自分の子ども
や夫の悪口と愚痴ばかり言っているようでした。

「あなたは、うんと勉強して、いい仕事についてバリバリ稼ぎなさい」、これが母の教えでした。

　いい仕事につけば、幸せになれるのかしら。私のまわりの大人が幸せそうじゃないのは、いい仕事についてなくて、お金もたいしてもっていないからなのかしら。

　でも、もう少し大人になると、わかってしまったのです。
　両親とも、そこそこ裕福な家の生まれで、父はそれなりに「いい仕事」についていることが。お金をたくさんもっていて、いい仕事をしていても、お父さんやお母さんみたいにしかなれないんだとしたら、じゃあ人生って、たったこれだけのことなの？

　頭の中は疑問でいっぱいだったけれど、ほかに答えを探す方法がわからなかった私は、とにかく言われた通りに勉強して、親の認める大学に入りました。
　その大学で今の夫になる男性に出会い結婚して、それなりに働いてお金を稼げるようになって、社会人としての生活がだんだん板についてきて……、気づけば私が子どもの頃じっと見上げていた「まわりの大人」そっくりになっていたのでした。

　毎日べつに絶望しているわけじゃないけど、面倒なことがいっぱい。
　会社行きたくない。家事面倒くさい。夫には不満たらた

らで、友達に会えば愚痴がでちゃう。まあでも恵まれている方だと思うし、ま、こんなもんだよね、人生って。来月のフェスを楽しみに今週乗り切ろっと。

　人生って面白いもので、舐めた態度でぬるま湯に浸かっていた私に、いきなり天から冷や水がぶっかけられたのでした。
　夫がうつ病で辞職したのです。

　「それなりの人生」にしがみついてきた私にとって、とんでもない誤算でした。家には暗く重いムードが漂い、夫といる時間はまったく楽しいものではなくなりました。生活費の負担は私にのしかかり、金銭的な不安、将来への不安は、もはや抱え切れないほど大きくなっていました。憂さ晴らしに友達と出かけて酒を飲みまくり、翌日は猛烈な吐き気とともに目を覚ます毎日。

　私は腹が立ちました。私を幸せにしてくれなかった夫に、幸せがなんなのかをまともに教えてくれなかった両親に。
　そしてなにより、幸せについてろくに考えもしないで、人に依存して生きてきた自分に対して。

　このままではダメだとようやく気づいた私がやったこと。それは本を読むことでした。
　最初に手にとったのは、コンビニに置いてある『幸せな人の習慣』とか、そういう類のわかりやすい本だったと思

います。

　正直に言うと、過去のぬるま湯に浸かっていた頃の私はそういう本を半分、いや、かなりバカにしていました。「どうせ幸せなんて考えても意味ないのに。こんな本を読むのってよっぽど追い詰められているんだろうな」「こんな本で幸せがわかれば苦労しないでしょ」。

　しかし私はもう、なりふりかまっている余裕はありませんでした。どんな本でもバカにしたり中身について勝手な決めつけをしたりせずに、謙虚に読み、一つ一つ学んでいこうと決意したのです。なんせ、どん詰まっていましたから。どんな小さな手がかりでもいいから、一個ずつ手に入れてゴールを探したかった。

　私がもし幸せになれたら、夫の病気も治せるんじゃないか、幸せにしてあげられるんじゃないかと、そんな気持ちも私を奮い立たせていました（と、突然ちょっといい子ぶってみる）。

　今の不幸から抜け出したい。幸せになりたい。

　その一心で、「幸福な人生」の手がかりになるものならなんでも、自己啓発でも哲学でも心理学でも占いでもスピリチュアルでも──あらゆるジャンルの本を読みあさるようになったのです。

幸福回路に気づくまで

　ぬるま湯人生から突然追いだされ、幸せについて勉強し始めた私は「幸せオタク」になっていきました。

　人はなぜ不幸になるのか。幸福とはなんなのか。ふむふむ、なるほど。完璧に理解したぞ。そうやって頭の中で理解が深まれば深まるほど、肝心の人生を変えていくには、頭でわかっているだけじゃダメだということもわかってきました。

　「で、私、どうしたらいいんだろう?」

　幸福や不幸についての理論がしっかり書かれた本はたくさんありますが、「で、なにをしたらいいの?」という話になると、自分を好きになろうとか、諦めようといった内容がほとんどでした。「それがすぐにできれば苦労しないっしょ」という感じで、毎日の生活をどう過ごしていけばいいのかまでは落とし込むことができません。

　もちろん、具体的な方法を提案してくれる本もあります。「瞑想しよう」「鏡を見て自分を褒めよう」「部屋の掃除をしよう」「神社に行こう」とか。理屈っぽい私は、こっちはこっ

ちで「それがなんで幸せにつながるの？　神様とか天使とか気とか、ちょっとわからないです……」となっていました。形だけ真似てみてわずかに効果を感じることもありますが、「なんかしっくりこないし、やっぱよくわからないな……」となって、幸福には程遠く感じました。

　知識ばかり溜め込んで多少は明るくなった私の心。でも、幸せを感じることはできないままの足踏み状態。これが、ある「気づき」がきっかけで、すべてが変わったのです。

　そのきっかけは、整体についてちょっとかじったことです。整体には、症状がある部分ではなく、そこと関わっている別の部分をさわって原因を探す考え方があります。
　これを知って感心した私は、体中のコリを探して、マッサージしてみました。最初に手の指のコリをほぐしてみたところ、なんとまったく期待もしていなかったことに、ずっとコンプレックスだった内股が、その場でスッと治ってしまったのです。
　これまでずっとずっと意識して、がんばって直そうとしてきた内股です。まっすぐ歩こうと意識しても、2分後には内股。ストレッチで柔軟性を上げても変化はないし、足をグリグリしたり器具をつけたり、いろいろやって、とにかく悩みまくった内股。その原因は、足になかったのです。

　このことが、私にひらめきをくれました。
　「心も、それ自体を変えようとしても無駄なんじゃない

か？」

　私はずっとずっと、自分の心をじっと見つめて「これを変えなきゃ、幸せを感じなきゃ」とがんばってきたけれど、心そのものを変えることって、意味ないんじゃないか？　他のところに原因があるんじゃないか？

　心を変えたければ、別の場所に原因を探して叩かなければいけない。

　そう考えてみると、頭の中に溜め込んでいた大量の知識や、これまで中途半端に試してきたあらゆる方法、山ほどの本から学んできた無数の点が、ピタッと線でつながったのです。

　「なるほど!!　そういうことだったんだ！　心って、こういう仕組みになっているんだ。だから、あれはああなっていて、これはこうなっているんだ!!!!」。一度すべてがわかると、なにをすれば幸せになれるのかが、完全に確信をもって理解できました。私は脇目も振らずそれを実践し、人生が一変しました。

　「心の仕組み」について正確に知ること。

　これが幸せになるための最大のポイントです。

　この「心の仕組み」は、私が発見したとか、自分が思いついたことだとは思っていません。しっかりいろいろな本を読み込んでみると、まったくその通りのことが書いてあります。でも、そこまで踏み込んだ内容の本ってかなり難解で、

少なくとも私は、読んだだけでは役立てることができませんでした。

　この本で紹介している幸福のコツは、古くから多くの人たちが伝えようとしてきた普遍的なメッセージとたくさんの共通点をもっています。本編の各項目の最後に、世界中で名の知られた偉人たちの言葉を引用しながら、幸福のコツを解説したので、あわせて読んでいただくとさらに理解が深まるはずです。

　「心の仕組み」がわかれば、心の正しい取り扱い方法がわかる。正しく心を取り扱うことができれば、幸福は向こうからやってきます。

　ところで、幸福になった私の生活がどんなふうに一変したか、気になる人も多いと思います。使えきれないほどの大金が入った？　きらびやかな暮らし？　モデル並みの美貌を手に入れた？　人も羨む成功？
　いいえ、そうではありません。
　シンプルに言いますと、「今、人生が楽しい」です。

　人生が楽しい。

1 章

私的幸福論

1　幸福とはなにか？

お金があれば幸せ？

愛があれば幸せ？

名声があれば幸せ？

素敵な洋服やアクセサリー
広くてキレイなお部屋

愛する人やみんなからの愛

全部もっていても幸せじゃない
そういうことが実際にある

あれこれ集めて本当に願っているのは

自分に満足したいってことなのかもしれない

幸福とは、満足すること

　100億のお金をもっていても幸せになれない人がいる一方で、1円ももたなくても幸せを感じられる人がいます。

　100万人のファンに愛されても孤独を感じる人がいる一方で、友人も恋人もいないで天涯孤独な生い立ちでも、寂しさと無縁な人もいます。

　仕事で大きな成功を収めて、世界中の人から感謝されても満たされない人がいる一方で、誰からも注目されず褒められもしないことに生きがいを感じている人がいます。

　こういう例を挙げるのは極端だと思われるかもしれませんが、幸せって、お金があればいいとか、たくさんの人に愛されていればいいとか、仕事で成果を出せばいいとか、そういうことじゃないのは間違いないはずです。

　じゃあ幸福って、一体なに？

　それをひと言で表すと、お金でも愛でも成功でもなく「満足すること」です。

　自分が満足するだけのお金をもち、満足するだけの愛をもらい、満足するだけの成功を収めること。「もうこれで十分。これ以上欲しいものはない！」そう思えるときこそ、真の意味で「幸福」なはず。

状況は人によってさまざまに違うはずですが、もし、今、幸福だと思えないのなら、「現状に満足していない」ことだけは間違いないと思います。

　幸福とは、満足していること。
　不幸とは、満足していないこと。

　だとすると、どうして満足できないのでしょうか？
　十分なお金がない、素敵なパートナーや友達がいない、仕事がうまくいっていない……、なんていうのは、よくよく考えると理由にならないはずです。最初に書いた通り、どんな状況であっても、満足して暮らしている人はいるからです。

　では、満足できる人と、満足できない人の違いは、どうやって生まれるのでしょうか？　単に性格の違いでしょうか？それとも、満足できる人は精神的に大人なのでしょうか？欲がないのでしょうか？　魂のステージが高いのでしょうか？

　いいえ、どうもそういうことではないようです。
　満足している人は、受け入れています。
　お金がなくて贅沢ができなくても、自分が今食べているものをおいしく味わい、自分の仕事を楽しみ、家ではリラックスして、自分のまわりにいる人たちを愛している。今の自分に満足し、すべてを受け入れているのです。

「自己肯定感が高い」という言葉を最近よく耳にしますが、まさに幸福とは、自己肯定感が高く、自分に満足している状態です。

　無根拠に「自分はすごい、美人、仕事ができる」と思い込んでいる人のことを自己肯定感が高い人だと勘違いしている人もいるかもしれません。そうではなく、どんな状況に置かれても、自分に満足し、自分を愛している人のことを自己肯定感が高い人といいます。

　人は幸せになるためにお金や愛や成功を追い求めますが、自分を好きになりたい、自分を肯定したいために、そんなことをやっているのかもしれません。

　もっとお金をもっているなら、もっと愛されているなら、もっと成功している自分なら、きっと肯定できるはず。

　でも、こういう試みはうまくいきません。

　だって、これまで見てきた通り、自分を肯定して満足することは、「どんな状況に置かれているか」には関係ないことだから。

　自分に満足できない人が、たくさんのお金や愛や成功を手にしても、自分に満足できない事実は変わらないので、どうにも幸福になれないのです。

　幸せになるために必要なものは、お金でも愛でも成功でもないのなら、どうすればいいのでしょうか？

それには、ちょっとしたコツが必要なだけなんです。

　プールの水に浮かぶように、できてしまう人には説明するまでもないぐらい簡単で、むしろ解説するのが難しいこと。これからお話ししたいのは、そのコツのことです。

名言でわかる！ 心のフローラ論

エドマンド・スペンサー

善悪をつくるもの、幸不幸をつくるもの、
貧富をつくるもの、それは人の心である

イギリスの詩人、エドマンド・スペンサーが指摘する通り、私たちの人生を左右する鍵は、外側のなにかではなく、心の中にあります。自分の心について知ることこそ、まさに人生のコツとも言えるかもしれません。

自己肯定できないのは、あなたのせいじゃない

自己肯定って本当は簡単
水に浮かぶような感覚

RELAX

簡単なんだけど…

やってみて!

わからなくなっている人には
すっごく難しい

力ぬいてー！

どうやって!?

リラックス

リラックスてどーやるの!?

小さい頃はみんなプカプカ浮かんでたのに

でもそれが全部
あなたのせいじゃないとしたら？

人の心は暴れん坊で

持ち主にも手に負えない！

どうやっても自己肯定感が
上がらない理由

　自己肯定感を上げて、幸せになるコツってなんでしょう？

　ズバリ、そんなものはありません。

　えっ。

　裏切りだと思われたかもしれませんが、違うんです。実は、コツというほどのことではなく、ちょっとだけ視点を変えてほしいだけなのです。

　というのも、自己肯定感が高くて幸福な状態こそ私たちの自然な姿であって、いろいろなことを考えすぎてジタバタして、自然な姿を失ってしまった結果、自己肯定感が下がり、不幸になっているだけだから。

　その証拠に、ごく小さな子どもの中に自己肯定感が低い子は存在しません。私たちみんな、もともと自分に大満足していたはずなのに、いつの間にか、それを失っているんです！　ひとつ前の項目「幸福とは、満足すること」で、自己肯定感を上げて幸せになるコツはプールの水に浮かぶことに似ていると書きましたが、人って本来自然にしていれば、浮かぶはずですよね。

　それでも、水に浮かぶのが難しいと感じる人がいます。

　そういう人は大抵、考えすぎているんです。

　水が怖い、浮かぶかどうか不安、体をどうにかうまい形

にすれば浮くはず……とか、考えすぎてバタバタ体を動かし、じわじわ沈んでいっちゃったりして。

「ねえ、簡単だよ！　ただ自然にして！　余計なことをしなきゃいいんだよ！」。まわりはそんなふうに声をかけますが、「自然ってどういうこと？　これが私の自然なんだけど。どの動きが余計で、どれが余計じゃないの？」と本人はますます混乱して、いっそう沈んでいくばかり。

水に浮かぶのと同じように、余計なことを考えるのをやめれば、自己肯定感はすっと上がります。

じゃあ、「余計なこと」って一体なんでしょう？

それって要するに、むやみに人と比べたり物事の悪い面ばかりに注目したり、足りている部分ではなく、足りない部分ばかりに目くじらを立て続けることです。そういうことを全部全部やめれば、自己肯定感は勝手に上がっていきます。

でも、それを「やめなさい」と言われて「はい、わかりました」とすんなりやめられる人はいません。

自己肯定感を上げるには、もっと自分を褒めようとか、自分をけなしたり責めたりするのをやめようという提案が多いし、それは決して間違っていないのですが、そういう類のアドバイスは大抵役に立ちません。

なぜなら、人は好きで自分を責めたり、けなしたりするわけでもないし、好きで足りない部分に目を向けているわけでもないからです。

私たちの心は私たちの思い通りになんかなりません。

　やる気をだせ。根性をだせ。元気をだせ。明るく考えろ。暗くなるな。ポジティブになれ……などなど、世の中では、心の在り方は私たちの責任であるかのように言われます。

　でも、みなさん、やる気をだそうとしてうまくいった試し、ありますか？　根性や元気をだそうとして、できた経験は？明るく考えようとして、実際にポジティブになれたことは？暗い考えをやめようとして、すぐにやめられたことは？

　いろいろと努力を積み重ねて、結果的にできるようになった人はいると思います。でも、自分の心に対して「明るくなれ」「暗くなれ」と命令したところで、それがその通りになったことがある人は一人もいないはずです。

　自分のネガティブさについて、自分の意思が弱いせいだとか、自分の性格が暗いからだとか、そんなふうに考えて、努力をして明るくなろう、ポジティブになろうとがんばってきた人もいるかもしれません。そういった努力をすればするほど、自分のことを責めてつらくなっていませんでしたか？

　大事なことなので何度でも繰り返します。「心」は、私たちの思い通りにはならないのです。

　心の仕組みをはっきりと理解できない限り、「自分を責める」ことも、「足りないことにばかり目を向ける」ことも、絶

対にやめることはできません。

どうか安心して、「感情の責任」という重い重い荷物を下ろしてください。

あなたのなかに生まれる感情は、あなたのせいじゃありません。

デール・カーネギー

私たちが取り組むべき唯一最大の問題は、
正しい考え方を選ぶことにある

人生をよく生きるため、人とよりよく関わるための方法について多くの著書を残したデール・カーネギーも、誤った考え方が苦しみを生んでいることを指摘しています。あなたが苦しいのは、間違った考え方をしているだけ。そう思うと、少し気が楽になりませんか？

心も一つの臓器だと
考えてみる

そう　まるで腸みたいに

腸内フローラと同じように
心の中にもフローラがある

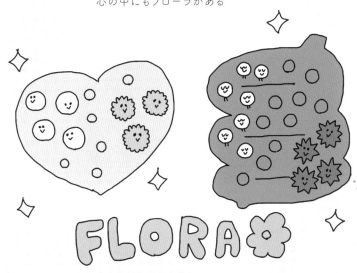

お肉や油をとりすぎると悪玉菌が増えて
ヨーグルトを食べると善玉菌が増えるみたいに

心の善玉菌と悪玉菌も
餌のバランスで増えたり減ったり

悪玉菌が増えすぎると
心の調子は下向きに

善玉菌を増やせば上向きに！

心のフローラのバランスを変えることで
心のあり方は変えられる！

心 の 中 に は
生 き 物 が 棲 ん で い る

　心の仕組みを知らない限り、自分の心を変化させること
なんてできない。

　でもそれって逆に言うと、仕組みを理解し、自分の心を
動かす方法を知ることができれば、やる気をだすことも、
明るくなることも、根性をだすことも、そしてもちろん自己肯
定感を上げることも可能になるということ。

　思い通りにならず、私たちを惑わしてばかりの「心」。

　私なりにいろいろと研究した結果、心って、ある臓器と
動き方がすごく似ていることに気がつきました。

　その臓器は、「腸」です。腸には善玉菌、悪玉菌、日
和見菌がいて、善玉菌が優位な状態を保つことで健康な
状態が保たれるという話は、ご存じの人が多いはず。

　これらの菌たちは、私たちの中に棲んではいるけど、私
たちとは別の生き物です。だから、「善玉菌、増やして〜」
とか「悪玉菌、バイバーイ」とか伝えたところで、彼らは
耳を貸しません。

　そこで私たちは、善玉菌の餌になるヨーグルトや野菜を
食べ、悪玉菌の餌になる肉や揚げ物を控えたりします。自

分の腸を取りだして「今日は善玉菌が多め！　よし！」なんて確認できるわけではありませんが、善玉菌が優勢になる食生活を続けているうちにお腹の調子がよくなったのを実感して、ようやく「よしよし、善玉菌が増えているぞ！」と確認できますよね。

　実は、私たちの心で起きていることも、これにすごく似ているんです。
　心には、ネガティブな部分とポジティブな部分があり、ちょうど善玉菌と悪玉菌のように、私たちの心に棲み着き、心の健康を左右しています。腸と同じように、自分の心は目で確認することはできません。それは本当に、私たちとは別の生き物のように、私たちの意思とはまったく無関係に動いています。

　「ポジティブになろう！」とか「ネガティブはやめよう！」と思ったところで、彼らは私たちの意思など知ったことじゃないのです。自分の腸に向かって「善玉菌よ、増えろ！」と命令するようなものです。それで増えるなら、ヨーグルトはいりません。心をコントロールしようとがんばっても、いつも無駄に終わってしまうのは、これが理由です。

　ポジティブになろうと思うのなら、心のポジティブな部分に、餌をやらなければいけません。
　ネガティブをやめようと思うのなら、心のネガティブな部分に餌をやらないように注意を払わなければいけません。

こういう生活をしばらく続けていると、ある日、心の健康を実感できます。そこでようやく私たちは、「心のポジティブな部分が育っている」ことを確認できるのです。

　私たちは今よりもっとポジティブになり、自己肯定感を上げることができます。
　ただし、間接的な方法によって、です。
　心に棲むポジティブな部分を育て、心に棲むネガティブな部分を弱らせるような生活習慣を身につけることこそ、正しい「自己肯定感の上げ方」。

　もちろん、私が伝える方法だけが正しくて、そのほかは全部間違いだ、と言いたいのではありません。むしろ世の中には、有効な「ポジティブになる方法」「自己肯定感を上げる方法」がたくさん紹介されています。
　ただ、それらの方法をよくよく吟味していくと、結局「心のポジティブな部分を育て、心のネガティブな部分を弱らせるような生活習慣」なんです。

　もし今ご自分で、心をコントロールする取り組みにチャレンジしているのなら、本書の内容を「これは、私のやっているアレのことを言っているんだな」と、確認しながら読んでいただくのも楽しいと思います。

　私は、心に棲むポジティブな部分を「心の善玉菌」。

そして、ネガティブな部分を「心の悪玉菌」と呼ぶこと
にしています。

　心の中には、善玉菌と悪玉菌が棲んでいる。彼らは、
私たちの心の中に棲んでいるけれど、私たちとは別の生き
物。

　ちょっと突飛な感じがするかもしれませんが、心がどれほ
どコントロールができなくて、思い通りにならないかをよくよ
く思い出すと、それほどおかしな話ではありません。

　どうしても信じられない人も、とりあえず「そういう考え
方があるんだ」程度にのみ込んでもらいつつ、続きを読ん
でみてください。

名言でわかる！心のフローラ論

ウィリアム・ジェイムズ

動作の方は意思によって直接に統制するこ
とができるが、感情はそうはできない。ところ
が、感情は、動作を調整することによって、間
接に調整することができる

アメリカを代表する心理学者も指摘している通りです。
心は、根性や意思ではどうにもなりません。でも、方法
は確かにあるのです。ポジティブになろうと「がんばる」
のはやめて、ポジティブになれる「行動」を実践しましょ
う。

2 ^章

心 の 悪 玉 菌

4 ネガティブになるのは、悪玉菌のしわざ

悪玉菌の餌…
それはネガティブな感情

イライラ

カチン!

ムシャクシャ

ムカムカ

めそめそ

ぞわぞわ

なんで私ってこうなんだろう…
自己嫌悪になるようなときは

NEGATIVE..

悪玉菌のお食事タイム！

嫌な気分こそ悪玉菌のごちそう……

悪玉菌は私たちが
嫌な気持ちになるようにコントロール

悪玉菌はムカムカイライラを
食べに食べに食べて…

食べまくると眠りにつき…

次に目覚めたときは
でっかく成長している!

嫌な気分を呼び起こす情報が溢れる
現代は悪玉菌にとって天国!

心に棲む悪玉菌が喜ぶ餌

1章では、「心に棲む悪玉菌の餌を減らし、善玉菌の餌を増やす生活をする」という話をしました。

さて、「悪玉菌の餌とは、一体なんのことなのか?」と疑問に思われるでしょう。

結論から言ってしまうと、悪玉菌の餌は、私たちの「怒り、悲しみ、憎しみ、恨み、つらみ、嫉み」などのネガティブな感情です。

頭では「やってはいけない」と理解していながら、不幸な道を選びとってしまったり、自分自身や自分の愛する人に文句や暴言ばかり吐いたりしてしまうのは、ネガティブな感情をたくさん食べるための悪玉菌の策略です。

心の中に棲む変な生き物があなたの行動を操っているなんて、ゾッとしますよね。

ですが、「腸にいる悪玉菌」も、同じことをするそうです。人間をコントロールして、自分たちの得になる食べ物を積極的にとるようにさせているのだとか。

自分で選んだつもりの選択肢が、実は何者かによって選ばされていたというのは、案外不思議なことじゃないのかも

しれません。

悪玉菌はいつも、あなたがネガティブな感情に支配されるための情報を探し回っています。

テレビを見ているときは、芸能人のゴシップや政治家のスキャンダルに注目させます。「ほら見ろよ。なんてロクでもないやつなんだ！」。あなたが批判的な気持ちになったら、しめたもの。悪玉菌は、満足顔であなたの『批判的な気持ち』をもぐもぐ食べ始めます。「はあ、おいしかった。次はなににしようかな」。

SNSを見ているときは、友達がアップした豪華なパーティーの写真に、悪玉菌は注目させます。「ほら見ろよ！　なんてきれいで、おしゃれなパーティーなんだ。お前なんかには一生縁がない世界だな。かわいそうー!!」。あなたは『みじめな気持ち』になり、悪玉菌のお食事タイムです。もぐもぐもぐ。

さあ、お次は？　あなたの友達がアップした「夫が不倫してた！」という投稿を、悪玉菌は見逃しません。「わあ、見ろよ。みじめー。こんなふうになるなら結婚しない方がマシ。ざまあみろだよなー」。あなたは友達を『見下す気持ち』になります。もぐもぐもぐ。

そして、そんな気持ちになった自分のことが嫌でたまらず、自己嫌悪に陥ります。悪玉菌は『自己嫌悪の気持ち』をもぐもぐもぐ。「ごちそうさまー、おやすみ」。

そう、悪玉菌は、お腹がいっぱいになると眠ってしまう傾向にあります。

　暗いことを考えまくったり、誰かと喧嘩して心を傷つけ合ったりすると、スッと憑き物が落ちたように気持ちが明るくなるという経験をしたことがある人は多いでしょう。

　あれは、ネガティブな感情を満足いくまで摂取した悪玉菌が眠ったことにより、悪玉菌の「嫌な情報を集める」「暗くなることに注目する」「不幸になる行動をわざと起こす」性質に引っ張られなくなったのです。

　このような経験から、「気分が落ち込んだら、どんどん暗い気持ちに浸ったり、自分や誰かを思いっきり傷つけたりすればいい」ことを学習してしまう人もいます。確かに、その場限りの話で言うと、すぐに明るくなれる方法かもしれないのですが……。

　どんな生き物も、大量の食べ物を短時間に与えられると、体重が増えます。次になにかのきっかけで悪玉菌が目を覚ましたとき、眠りにつく前よりずいぶんと体は大きくなり、もっとたくさんの餌が必要になってきます。

　心の中の悪玉菌がどんどん太っていくと、自分や他人を痛めつけて、不幸になる方へ不幸になる方へと突っ走るようになります。

　テレビやSNSを見るまでもなく、自分のやることなすことに、心の声で批判を加えます。「なに食べてやがるんだ？

この豚が」「少しは運動しろよばか」「どうせお前にはできないけどな、この怠け者」「役立たず」……。

　自己肯定感が低いと言われている人たちの多くは、心の中の悪玉菌が大きすぎる人たちです。悪い面に注目して、自分を批判ばかりしている。

　あなたの中の悪玉菌は、どうでしょうか？
　大きくなりすぎていないでしょうか？
　悪玉菌の存在感が強い人も、そこまでではないという人も、悪玉菌の餌を減らすことで、かなり快適に暮らすことができます。悪玉菌が小さくなると、物事の悪い面に目がいかなくなり、自分や他人を批判しなくなるからです。

名言でわかる！　心のフローラ論

ダライ・ラマ14世

私たちの本当の敵は、無知、憎しみ、
欲望、嫉妬、傲慢という心の毒です

チベット仏教の象徴的存在であるダライ・ラマ14世も、心の中の敵について触れています。ネガティブな心は毒、それも中毒性のある毒。私たちの心の中にはこれらの毒を欲する自然な働きがあり、その働きをこの本では「悪玉菌」と呼んでいます。

今日から悪玉菌の
ダイエット！

おやつ禁止！

世の中には悪玉菌のおやつがいーっぱい！

あれやこれやのSNS♡

ネットニュースやTV♡

そして噂話や悪口♡

食べ物を取り上げられた
悪玉菌は大騒ぎするけど

見ざる!　言わざる!　聞かざる!
ネガティブな情報をカットしよう

ネガティブ感情を引き起こす
情報をデトックス

　悪玉菌の餌は、私たちのネガティブな感情。

　だとしたら、餌を減らして悪玉菌を小さくするには、どうしたらいいでしょうか？

　それはすごく単純。ネガティブな感情に陥らないことです。もちろん人生には時々嫌なことが起こるし、ネガティブな気持ちになることもあります。失恋をすれば、悲しくなるのは当然です。試験やオーディションに落ちれば、悔しいですし、誰かにひどい扱いをされたら、怒りを感じるのは正当なことです。

　実際に自分が経験するネガティブな感情は、決して無駄ではなく、それ自体が導きを与えてくれることもあります。

　しかし、私たちが普段味わっているネガティブな感情の大半は、正しい選択をすれば避けられるものであり、なにも生みださず、無闇に悪玉菌を太らせるだけです。「無駄なネガティブ感情」をカットすることで、悪玉菌の肥大化を防ぐことができます。

　では、「無駄なネガティブ感情」ってどういうものでしょうか？

日常生活で私たちに「無駄なネガティブ感情」を与えているのは、大きく分けて以下の3つです。

　1．SNS
　2．テレビや新聞、雑誌などのマスメディア
　3．他人との噂話

　まず、SNS。これはピンとくる人も多いはずです。
　SNSで他人のキラキラした生活を見せつけられて、言葉にできないイライラ、モヤモヤなどのネガティブ感情を覚える人は少なくありませんよね。
　さらに、有名人や政治家を強烈に批判したり怒りを表明している投稿を見て、共感して同じように怒りを感じたり、あるいは、その意見に反発して憤りを覚えたり。
　これらのイライラは、本来感じなくていいはずのものです。わざわざ招き入れるのはやめましょう。
　SNSのどのアカウントをフォローするのかを選ぶのに、慎重すぎることはありません。キラキラしすぎて劣等感を刺激されるようなアカウントや、ネガティブな物の見方や愚痴を撒き散らすようなアカウントはフォローを外します。知り合いだからフォローを外すと気まずくなるなどの事情がある場合は、ミュート機能を活用しましょう。ミュート機能はフォロー状態をキープしたまま、その人の投稿が目に入らないようにできる設定で、ほとんどのSNSで使うことができます。

　それらの投稿が「悪い」わけではありません。幸せな人

が「幸せだ」と投稿するのは、素晴らしいことです。誰か
を批判したり悪を暴いたり、それは正義のために必要なこ
とです。しかし重要なのは、その投稿に対して、あなたの
心がどのように反応しているかです。あなたのネガティブ
な感情を刺激するような情報は、一時的にでも構いません、
遮断しましょう。

もちろん、ネガティブな感情をSNSに投稿するのもやめま
しょう。ネガティブな感情を文章や言葉にすることには、確
かに癒しの効果があります。状況を整理し、自分の心を見
つめ、昂った気持ちを沈めてくれます。しかし、それらの
作業を他人に見てもらう必要はありません。

ネガティブな情報を発信することは、自分のネガティブ
な気持ちを強化し、他人のネガティブな気持ちを刺激し、
世の中にネガティブな感情を増やすだけです。自分のモヤ
モヤを処理するために文章や言葉にしたい人は、紙に書
いて破り捨てるのが一番。誰かに聞いてもらいたい人は、
専門のカウンセラーに対価を払ってお願いすべきです。

次に、マスメディア。

テレビや雑誌、新聞、あるいはネットニュースなどで、
芸能ゴシップ、不正や痛ましい事件などの情報を見て、胸
を痛めたり、怒りを感じたり、批判的な気持ちになっていま
せんか?

マスメディアは閲覧数、視聴率を上げるための方法を心
得ています。多くの人の注目を集めるには、誰かのいい行

動について取り上げるよりも、悪玉菌の餌をぶら下げる方が楽なのです。そういうわけで、どんなメディアもネガティブな話題を真っ先に取り上げ、批判や疑念について語ることに多くの時間やスペースを割きます。

　マスメディアの中でも特に危険度が高いのが、テレビです。
　テレビの怖いところは、映像と音がセットになり、半ば強制的に頭に入り込んでくるところ。知らない間にネガティブな感情を植えつけられてしまいます。なんて言うと、大袈裟に感じるかもしれませんが、これは本当のことです。
　試しに1週間ほどテレビを見ずに過ごしてみましょう。休んでから久々にテレビをつけると、普段私たちの脳が、どれほど強い刺激にさらされ、それに慣れ切っているかがわかるはずです。

　ワイドショーやニュースは、不安や怒りを煽るような内容であふれかえっています。また、テレビCMは、遠回しな表現で「あなたは不完全だ、この商品を買わなければ素晴らしくなれない」と訴えかけてきます。ワイドショー、ニュース、テレビCMは、なるべく視聴を避けるべきです。

　もちろんテレビ番組には、健全な好奇心を満たしてくれるものや、見るだけで明るい気持ちにさせてもらえるもの、創作側の熱意が伝わってくる素晴らしい芸術作品が存在します。テレビCMに感動させられることも少なくないし、新

聞や雑誌、ネットニュースだって同様です。あらゆるメディアの裏に、本気でいいものを作ろうとしている人たちがたくさん存在していることは理解しています。

　SNSにせよマスメディアにせよ、良質な情報を集めるのは決して悪くないどころか、素晴らしい癒しになります。
　例えば、推しているアイドルがテレビにでるとしたら、なにがなんでも視聴すべきです。大好きなドラマシリーズも、絶対に見逃してはいけません。あなたが笑顔になれる情報であれば、いくらでも見て構わないのです。

　ただ、テレビ番組は必ず合間にCMが入り、番組と番組の間の少しの時間でもニュースが流れます。目当ての情報を見たあとも、次の番組、次の番組と情報が垂れ流しになっていて、気づかないうちに余計なものまで摂取してしまう仕組みになっています。ここが問題の本質です。
　本来、あなたが望む情報を集めるために使われるSNSやマスメディアを通して、望んでもいないネガティブな感情が生みだされていること。そして、無意識に味わっているネガティブな感情のせいで心の健康が侵されていること。これって、すごく怖いことだと思いませんか？

　最近は、一定期間スマホやPCに触れずに過ごして、情報から距離を置くことで心身の健康を取り戻す「デジタルデトックス」が知られています。その効果の大きさから、アメリカで大流行しているとか。多くの人がこのデジタルデ

トックスによって元気を取り戻すのは、ネガティブな感情を呼び起こす情報を排除することで、心の悪玉菌が弱るからにほかなりません。

　見るもの、触れるもの、聞くもの。そして発信するものを、厳選することが大切です。

名言でわかる！ 心のフローラ論

孔子

礼節を欠くようなことを、
見てはならない、言ってはならない、
聞いてはならない、行ってはならない

中国を代表する哲学者、孔子の有名な言葉。ネガティブな情報にどれほど恐ろしい力があるか。それを知っていた孔子が現代の情報社会の様相を見たら、どんなふうに思うでしょうね。

SNSやメディアが
ダメでも
悪玉菌は諦めない！

他愛ないおしゃべりの中にも
食べ物はたくさんあるから！

まずは心に浮かんだ
共感をパクパク

さらに普段なら…

でもダイエット中は
ここでブレーキ!

悪玉菌は暴れるけど

しばらくやり過ごせば

悪玉菌は少しずつ減っていく

世間話で増える悪玉菌

　無駄なネガティブ感情を生みだす最後の要素。一番油断しがちで、でも実は一番危険かもしれない悪玉菌の餌。
　それは人との会話、世間話です。

　人は会話の中で頻繁に愚痴や不平不満を口にしています。それが会話の中心と言ってもいいくらいに。
　通勤、通学中の話題。
　飲み会の話題。
　食事中の話題。
　休み時間の話題。

　試しに、あなたが昨日誰かと交わした世間話を思い出してみてください。そこに、些細なことでも「ナントカが面倒だ」「ダレソレに腹が立つ」「アレコレが気に入らない」といった発言が混ざっていませんでしたか？　愚痴や不平不満を人の口から聞かない日はありません。
　人がこんなにも愚痴や不平不満を言いたがるのは、共感されやすく、話を広げやすく、笑いをとりやすく、間がもって、単に話題として便利だからです。

　だからこそ、こうした「会話の中の不平不満」を聞かな

いようにすること、そして発しないようにすることは、難しいと思われるかもしれません。

　もちろん、誰かが愚痴を言いだしたからといって耳を塞いだり、イヤフォンを装着したりする必要はありませんが、愚痴に乗ったり話題を広げたりするのをやめて、ネガティブな感情の発生を最小限まで減らすように努力しましょう。

　「他人の愚痴や不平不満を聞いたって、ネガティブな感情なんてわかない」と思う人もいるかもしれません。しかし、私たちの心は、自分で自覚している以上に敏感で優しいのです。

　「Aさんは嫌な奴だ」と言っているのを聞けば、「Aさんは嫌な奴なのかも？」という疑いを胸に抱えてしまいます。「最近寝れない、しんどい」と愚痴っているのを聞けば、「眠れないほどしんどいって、どんな感じかなあ」と自分の身に置き換えて想像してしまうのです。すべては、自動的に素早く処理され、止めようと思っても止められない心の働きです。表面的には平気そうに見えていても、私たちの心は、人の愚痴や不平不満に反応し、確かにネガティブな感情を生みだします。

　そこで、まずは「ナントカが面倒だ」という話に、「わかるー、だるいよね」と言ってしまう習慣をやめにしましょう。「がんばって乗り切ろうね」と返して話題を終わらせます。

　「ダレソレに腹が立つ」という話に「それはひどいね、

最悪ー!」なんて相槌を打つのをやめましょう。「そんなことがあったんだね。相手には相手の考えがあったのかもね」と言います。「アレコレが気に入らない」という話に「それはキツイねー！ お疲れさま」なんてねぎらいの言葉は返さないようにしましょう。「気に入らないことは、やめてもいいんじゃない？」と話を終わらせます。

　これらの返事はひょっとすると、冷酷で容赦なく、性格が悪いように思われるかもしれません。もしあなたが、これまで快く愚痴や不平不満の話に乗っていた人であれば、周囲の人は驚くでしょう。しかし、普通の人であれば、あなたがそういう話題を避けていることを悟り、そのような話をふらないようになります。結果として、悪玉菌に余計な餌をあげなくてすむようになるのです。

　一部の人は、あなたを責めたり、怒りをあらわにするかもしれませんが、それはそれで好都合だともいえます。愚痴や不平不満に気に入った返事をしないことに怒るような人とは、積極的に付き合うべきではないからです。嫌われてしまったら、ラッキー。

　とはいえ、これらはあくまで「こうあるべきだ」という理想論であって、常に実行するのはなかなか難しいでしょう。直属の上司に嫌われたくないために、愚痴を聞き続ける状況も当然あり得ます。

決して無理をする必要はありません。ただ、愚痴や不平不満には、なるべく反応しない。話を広げない。同調しない。なるべく、できる限り。ほんの少しでも。

　あくまでも「理想を捨てない」姿勢が、着実に悪玉菌を弱らせます。

名言でわかる！　心のフローラ論

ナポレオン・ヒル

否定的で破壊的な思考を言葉でばらまく人
は必ずやその「お返し」を受けることになろう。
そして、そのお返しの方が
はるかに大きいものだ

元祖・自己啓発書ともいうべき『思考は現実化する』で有名なナポレオン・ヒル。彼は言葉の持つ力を指摘し、ポジティブな思考や言葉を使うことが現実を前向きに変えていくと断言しています。当然、ネガティブなものは、その逆の結果を招くわけですね。

チ　悪玉菌が存在する理由

本当は人間に
役立つはずの悪玉菌

悪玉菌が集めてくるネガティブ情報には
役立つものもたくさんある

でも悪玉菌が太りすぎると…

なにも行動できなくなってしまう

悪玉菌のおやつ習慣を終わらせよう

あなたにも世の中にも
改善すべきことはたくさんある
だからこそ……

増えすぎた悪玉菌を元に戻して
あなたの行動力を取り戻そう

ネガティブなことが
すべて無駄なわけではない

　ネガティブな話題を受け取らない、発信しないように心がけるだけで、悪玉菌はだんだん力を失っていき、あなたの心は健康を取り戻し始めます。

　と、ここまで読んで「人の不平や不満を無視しろって言うの?」「世の中の危機的状況を知らんぷりしろって言うの?」「自分自身の不平や不満も黙殺してのみ込んで、なかったことにしろって言うの?」と、怒りを感じた人もいるかもしれません。

　もっともだと思うので、ちゃんとフォローをさせてください。
　私は、ネガティブな感情が無駄だとか、ダメだとか、それらを無視したり、感じないようにしろ、すべて胸にしまいこんでガマンすべきだと言いたいのではありません。これまでなら無視されていた少数派の意見がSNSによって可視化され、世界を変える力を生みだしたことは素晴らしいことです。メディアが真実を伝えて、悪を暴くことは、正義のために必要なことです。
　愚痴や陰口も、誰かに助けを求めるために必要な場面は確かにあります。

ネガティブな情報には意味があり、それを探してくれる悪玉菌は私たちに必要な存在です。本来悪玉菌は、物事の問題や危険、恐怖を見つけて、私たちに知らせてくれる頼もしい仲間です。

　心の働きを腸内細菌に例えたのも、それが理由です。問題は悪玉菌が存在することではなく、悪玉菌が増えすぎて、善玉菌とのバランスが崩れていることです。

　増えすぎた悪玉菌は、ごく些細な問題もあれやこれやと集めてきて、私たちの前に並べ立て「あれも怖い、これも怖い」「人生は怖い」「どうせ失敗する」「どうせ無理」「全部うまくいかない」と恐怖をあおり、私たちの足を引っ張ります。

　問題や恐怖を見つけることは大事ですが、そればかりを見ていたら、私たちはなにもできなくなってしまいます。そして、現にたくさんの人が、自分の問題に対してなんの対処もできなくなっている。あなたも毎日の生活の中で、そんな人をたくさん見ているはずです。

　だから「悪玉菌を弱らせ、適度な数に保ちましょう」というのが、私の提案です。

　「脂肪を抑えて、ダイエットしましょう」は、「一切の脂肪を排除しましょう」と同じ意味ではありません。

　ネガティブな情報は必要な分だけ摂取し、余計なものをカットするべきです。

例えば、災害や事故が自分の生活になんらかの影響を及ぼしている場合、その情報はネガティブではありますが、余計なものではありません。情報収集は当然必要です。

　しかし、自分が対処できる範囲を超えて、災害や事故がどれほどの不幸を生みだし、誰をどれほど悲しませ、苦しめているかについてのインタビューを延々と見続けることは、余計なネガティブ感情の摂取であり、やめるべき行動です。「これ以上は無意味」というライン引きが重要です。

　愚痴や不満を誰かに話すのが全部ダメなわけではありません。不満を聞いてもらうことで、自分の状況を冷静に見ることができたり、解決策が浮かんだりすることはあるでしょう。しかし、繰り返し同じことを愚痴っているのなら、それは言わないほうがいい余計な愚痴です。

　愚痴や陰口は、不平不満をごまかしてしまい、物事を変える行動を遠ざける側面もあります。そうやって、少なくない不満や怒りが、物事を実際に変えていくためではなく、単に悪玉菌の餌として消費され、ポイ捨てされる事実にも目を向けてほしいのです。

　悪玉菌はネガティブなことを見つけるのが得意です。でも、ネガティブなことを解消する力なんて悪玉菌はもっていないし、求めてもいません。悪玉菌はずっと自分の餌を確保しておきたいだけだから、「あれも嫌だ、ああ嫌だ、これも最悪だ」と騒ぐだけ騒いで、なにもしないでほったら

かしたままです。

　世の中や自分自身にいい変化を起こすのは、あなた自身であり、あなたのなかの善玉菌だということを忘れないでください（詳細はP90の善玉菌の章でお話しします）。

　本当に世の中に対して疑問をもっているのなら、変えなければならないことがあると思うのなら、悪玉菌を弱らせて、心の健康を取り戻すべきです。心が健康な人、つまり善玉菌が強く、悪玉菌を弱めることに成功している人だけが、重い腰を上げてなにかを成し遂げ、物事を変えていくことができるのですから。

名言でわかる！ 心のフローラ論

セネカ

恐怖の数の方が
危険の数より常に多い

ローマ時代の哲学者・政治家であるセネカが言っているのは、実際の危険は、恐れているよりは少ないものだということ。危険に対処するのは大切ですが、恐怖に注目してばかりいては、大切なものに目をむける時間も余裕も奪われてしまうかもしれません。

悪玉菌のダイエットと
体のダイエットは似ている

ほかの人が悪玉菌に餌をあげてると
自分の悪玉菌も暴れるし

悪玉菌は協力しあって
餌を引きだそうとする

ダイエットは孤独な戦い…

つまずくことも当然ある

落ち込みそうになるけど

それこそ悪玉菌の思うツボ

諦めず、またその日から取り組めばOK

悪玉菌を減らすための
Q & A

Q テレビ番組を選びたいと思っても、家族がニュースを見たがっているときはどうしたらいい？

A 同居している家族が、悪玉菌の餌になる番組を見ている。無理やり消すわけにはいかないですし、確かに悩ましい状況ですね。そんなときは、まず初めに「私はその番組を目に入れたくないので、悪いけどスマホで見てくれないか」といったお願いをしてみます。リクエストが聞き入れてもらえそうにない、あるいはお願いするのも気が引けるのであれば、テレビが見えない位置に自分の席を移動するか、画面が見えないようにテレビの位置を調整します。音声は耳栓か、イヤフォンで音楽を聴いてシャットダウンします。

　注意するべきポイントは、これらの対策を打つ間、その番組を見ている人を決して非難したり、馬鹿にしたりするような空気を作らないことです。あなたの否定的な態度が、相手にネガティブな気持ちを起こさせ、その人の悪玉菌の餌になります。相手が不快にならないよう、気遣ってください。

　それでも、食事中だからイヤフォンはできない、席を移

動しようにもスペースがないとか、どうしても一定時間、そのような番組が目に入ってしまうかもしれません。

　そのような場合の最終手段として、悪玉菌が反応するのを観察してみましょう。どういう情報を見聞きすると自分は不安になるのか、恐怖を覚えるのか。悪玉菌に引っ張られないように、あくまで観察するというスタンスを貫けば、悪玉菌は増えにくくなります。

　ちなみに、あなたの悪玉菌が弱体化していくと、こういった番組に熱中する家族にも、いい影響が起こってくるはずです。

Q　悪口や陰口をスルーするのは、無理すぎない？

A　悪口や陰口で共感しあう。長い間、こういうコミュニケーションをとってきたタイプなら、ここから抜け出すのがすごく難しいかもしれません。私もそうだったので、よくわかります！

　でも大丈夫です。基本的に相手は共感を求めているので、共感を返さなくなれば、自然とそういう話題をあなたに振ることはなくなります。「うん」と「ううん」の間みたいな微妙な相槌を打って乗り切りましょう。

　私はよく「なるほど」を使います。「なるほど」には、相手を肯定しながらも、「あなたはそう考えているんですね」という軽い突き放しのニュアンスがあり、とっても便利な言

葉です。深刻な表情で「なるほど」と言っていれば、それほど不快に思う人はいません。

　初めはなんだか相手に悪いような、冷たいような感じがするかもしれませんが、悪口や愚痴を言う場所を減らしてあげることは、相手の悪玉菌に餌をあげないという意味でも、すごくいいことです。

　また、どうしても相手の話に同意せざるを得ない状況もあるはずです。ここでもやはり、自分の心の中の悪玉菌がどんなふうに反応しているかを観察し続けるスタンスを忘れないで。簡単ではないけど、どうか、がんばってみてください。

Ｑ　悪玉菌の餌を減らす習慣をなかなか実行できない自分に自己嫌悪を感じます。

Ａ　悪玉菌の餌を減らす方法を見て、「こんなの難しすぎる！」と思った人もいるはずです。実際、試してみると、私たちの日常の暮らしにどれほど悪玉菌の餌が転がっているかがよくわかります。

　たくさんの誘惑を振り切っていくのは、簡単なことではありません！　一番大事なのは、焦らないこと、そして諦めないことです。初めから上手くできるなんて思わないでください。それに、一度できたからといって、継続できるとも限りません。

私自身、何度も何度も失敗しましたし、今でも「あー、今日は完全に悪玉菌に餌やって過ごしちゃったな」という日はあります。でも、「どうせ失敗したからもう全部やめて好きなように過ごそう」とは思いません。新しい1日が始まったら、また悪玉菌に餌をやらないチャレンジを続けます。そんな感じでいいのです。

　諦めずに立ち向かい続けるだけで、必ず悪玉菌は弱っていきます。

名言でわかる！ 心のフローラ論

オリヴァー・ウェンデル・ホームズ

一番大事なことは、
自分が「どこ」にいるかということではなく、
「どの方角に」向かっているか、
ということである

アメリカの法律家、オリヴァー・ウェンデル・ホームズのこの言葉には、いつも勇気をもらえます。毎日の習慣を変えていくのは簡単なことではないけれど、失敗しても転んでも、立ち上がってまた前を向くことが大切ですよね。

3 章

心の善玉菌

善玉菌の生態

善玉菌の餌はポジティブな気持ち

なにかに夢中になっているとき

あんなにがんばれるのは
善玉菌の影のサポートがあるから!

幸せに成功している人は
善玉菌の力を借りるのが上手な人たち…

善玉菌が増えると行動できる
努力できる　物事を改善できる
それも簡単に！

もしあなたが　がんばれない自分に
ウンザリしているなら

善玉菌が減って　弱っている証拠

彼らに気づいてあげて
大切にしよう

SORRY..

努力を努力と思わない力

　これまでは、悪玉菌の生態と、悪玉菌の餌を減らす方法についてお話ししてきました。心のバランスを保つためには、悪玉菌の餌を減らすだけではなく、善玉菌の餌を増やしてあげることが必要です。

　悪玉菌の餌は、ネガティブな気持ちでした。
　では、善玉菌の餌はなんでしょう？
　それは、もちろん、あなたのポジティブな気持ちです。「うれしい」「楽しい」「ワクワクする」「大満足！」そういう気持ちを感じると、善玉菌は大きく育ちます。
　善玉菌が優位になると、悪玉菌が優位になったときと真逆のことが起こります。物事のポジティブな側面ばかりに目がいくようになったり、ポジティブな感情を味わうための行動を、まったく苦労せずに行えるようになったり。幸福な方へと引っ張られていき、他人と自分をどこまでも大事にすることができます。

　うれしいことや楽しいことに夢中になっているとき、努力を努力とも思わず必死に目標に向かって走っていけるとき、私たちがポジティブな方向へ自分を走らせているとき、そこには必ず善玉菌の力が働いています。

大きな結果をだしたスターやスポーツ選手などの才能あ
ふれる人たちが、「自分は努力なんかしていない」とか「い
ろいろ練習したけれど、それを努力だとは思わなかった」
なんて発言しているときがありますが、これは強がりでもなん
でもなく、真実です。

　がんばっている人を見ると「あの人はがんばり屋だ」と
か「努力家だ」とか褒めたり、自分と比べて「自分なんて」
と落ち込んだりします。そして、その気持ちが悪玉菌の餌に
なってしまいますが、これまで説明してきた通り、がんばろ
うとしてがんばれる人はいないし、やる気をだそうとしてやる
気がでる人はいません。
　立派な人だからがんばれるわけじゃないのです。我慢強
いからがんばれるわけでもないのです。

　心の中の善玉菌が優位になっているから、喜んでいくら
でも努力ができるのです。

　あなたにも、善玉菌に後押しされて、驚くべき結果を残
したことがあるはずです。その証拠に、日本語が話せます
よね？　気づかないうちに日本語をマスターできたのは、ま
だ悪玉菌が増えすぎていない子どもの頃に、善玉菌に後
押しされて、努力を努力とも思わずにたくさん練習をした
からです。そんなの当たり前すぎて練習とか努力とか言わ
ないよ、と思われるかもしれませんが、それこそ、善玉菌

が後押ししているときの努力の感覚です。

　自分が勉強したいと思っている分野を学ぶこと、仕事に必要なスキルを身につけること、自分が求める結果をだすために必要な努力をすること。また、大好きな映画を見るためにわざわざ隣町まで足を運ぶこと、ヘルシーなものを食べたいと思っている自分のために手をかけて自炊すること、ときにはお金を払ってマッサージを受けに行くなど、自分をケアするために時間や手間、お金をかけること。それから、周囲の人を思いやり、見返りを求めない心からの親切を行うこと。

　悪玉菌が優位だと、私たちはこのような行動がとれません。「こうしたいなあ」「あれをしたいなあ」「こうなったらいいなあ」でも面倒くさい、でおしまい。

　きっと身に覚えがある人は多いんじゃないでしょうか？

　夢を叶えたいと心から思っているのに、そのための努力が全然できない。

　あの大学に絶対受かりたいのに、全然勉強が進まない。

　転職したいのに、なんとなく先延ばしにしてしまう。

　痩せて綺麗になりたいのに、いつもダイエットがグダグダになってしまう。

　パートナーに心から感謝しているのに、喧嘩ばかりふっかけてしまう。

　どれもこれも、善玉菌が弱くなりすぎているために起こってしまうことです。

善玉菌を育てましょう。惜しみなく餌を与えて、元気にしてやりましょう。

ちなみに善玉菌は、餌を食べすぎたからといって眠ってしまうことはありません。善玉菌が眠るのは、悪玉菌が優位になっているときだけです。

名言でわかる！ 心のフローラ論

フレデリック・ラングブリッジ

刑務所の鉄格子の間から、二人の男が外を見た。
一人は泥を眺め、一人は星を眺めた

アイルランドの牧師が残した言葉です。同じ場所にいても、見つめる先が違っていれば、その未来はきっと違ってくるでしょう。泥を眺めるのか、星を見るのか。刑務所にいても、空に瞬く星を探すことができるのは、まさに善玉菌の力によるところです。

世の中は悪玉菌の
餌ばっかり充実してるから

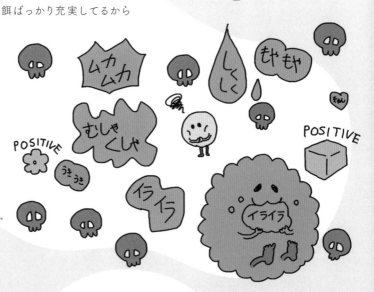

現代人の心は悪玉菌多めに偏りがち

善玉菌が減りすぎると
善玉菌の餌を探すこと自体が難しくなる

なにが好きなのかも
忘れてしまう

みんな善玉菌のことは
ほったらかしで

悪玉菌にばかり餌をあげている

ぼんやり暇つぶししたり
ネガティブな情報を漁ったり
そして後悔して自分をバカにする

そんな時間を全部
善玉菌の世話に使えたら
なにが起こるでしょう？

大好きなものに囲まれて
生きるには

　現代に生きる人のほとんどは、心の善玉菌不足に陥っています。

　これは、社会にあふれる情報のほとんどが、悪玉菌の餌だということも関係しています。これまで説明してきたように、私たちは明るい話題よりも、暗い話題にばかり飛びつき、知らない誰かの善行よりも、知っている人の悪行について知りたがります。情報社会は悪玉菌に乗っ取られている、と言っても過言ではありません。

　でも、もちろんそんな現代においても、善玉菌を育成することは十分に可能です。

　その方法は、基本的に悪玉菌のときの裏返しで、善玉菌の餌である「ポジティブな気持ち」を感じるように心がけることです。

　具体的には、大好きな服を着て大好きな人に会い、大好きなことをして、大好きなものを食べ、大好きなものを見て、大好きな音楽を聴き、大好きなことについて誰かとシェアすることです。

　こうやって書くと、なんだかすごく当たり前のことですよ

ね。大好きなことを積極的に行うのは当然ではないでしょうか?

でも、あなたの生活とよく照らし合わせて考えてほしいのです。

あなたは、大好きな服を着ていますか? 大好きな人に会っていますか? 大好きなことをしていますか? たった1つでも、「完全にイエス」と言えるものがあったでしょうか?

多くの人が、大好きなものではなく、どうでもいい、なんなら嫌いなモノやコトに囲まれて暮らしています。

どうでもいい服、どうでもいい仕事。嫌いな人と会って、どうでもいいものを食べ、どうでもいいものを見て、好きでも嫌いでもない音楽を聴いて、嫌なことや不満について誰かとシェアをする。そんな暮らしが、スタンダードではないでしょうか?

なぜ、こんなことになってしまうのか?

お金がないから、時間がないからと、答える人は多いかもしれませんが、それは本当でしょうか?

手持ちのお金が許す限り、あなたの自由な時間が許す限り、好きなコトやモノにすべてを捧げていますか?

今そうでないのなら、たとえお金や時間が山ほどあっても、相変わらず「それほど好きでもないことに囲まれた暮らし」を続けるでしょう。

「大好きなものに囲まれた暮らし」が実現できない本当の

原因は、「自分が大好きなものがなんなのか、わからなくなっている」ことです。

悪玉菌が優位になると、善玉菌の力は弱まります。すると、もはや声も上げられないほどに善玉菌がやせほそってしまい、ポジティブな感情を呼び起こす物事を見つけることができなくなってしまうのです。

大好きなことがわからない人は、空いた時間に「暇つぶし」をします。

別段楽しくもないけれど「なんとなく」クセのようにゲームをしたり、どうでもいい知り合いの噂話について探りを入れてみたり、さほど興味もないドラマを「惰性で」見続けたり、ぼんやりとスマホを見ながら「ちょっとでも興味を惹くもの」を探し続けてしまいます。あるいは、なんとなく友達に声をかけて、味気ない会話で時間をつぶすのです。

暇つぶしが悪いわけではありません。

日常の合間の「暇だけど、なにかに本腰を入れるには短すぎる時間」を暇つぶしで埋めるのは普通のことです。

しかし、せっかくの連休、誰に遠慮することなく好きに過ごせるはずの時間を暇つぶしだけで過ごしているとしたら。そして、休日の終わりになって「無駄な時間を過ごした」という気持ちでいっぱいになっているとしたら。それはたぶん、大好きなことがわからなくなっているから。

じつは多くの人がそうなのですが、善玉菌が弱りきっている人がまず初めにやるべきことは、「大好きなことに囲まれた暮らし」の前段階のことです。

　自分は、なにが本当に「大好き」なのかを、探しだすことです。

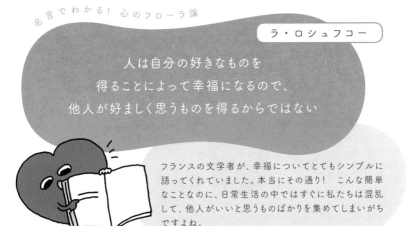

名言でわかる！　心のフローラ論

ラ・ロシュフコー

人は自分の好きなものを
得ることによって幸福になるので、
他人が好ましく思うものを得るからではない

フランスの文学者が、幸福についてとてもシンプルに語ってくれていました。本当にその通り！　こんな簡単なことなのに、日常生活の中ではすぐに私たちは混乱して、他人がいいと思うものばかりを集めてしまいがちですよね。

善玉菌が弱っているときは
無理に餌を探そうとしても

うまくいかないことも…

だから初めは少しずつ
リハビリする気持ちで…

例えば　今日のご飯は
なにを食べよう?

明日はどんな服を着よう?

CUTE
or
COOL

「これでいいや」じゃなくて
少しでも「これがいいな」の方へ

どっちかといえば
こっち…

COFFEE

meh

TEA

「これがいいな」を積み上げていくうちに

私はこれが好き！という確かな
好みが生まれてくる

丁寧な暮らしのススメ

　善玉菌が弱っている人がやるべき最初のことは、善玉菌の餌である大好きなことを「探す」作業です。

　では、「大好き」なことを探すには、どうすればいいのでしょうか？

　すぐに思いつくのは、とにかくいろいろなものに触れまくることかもしれません。ウインドウショッピングで服を見る。さまざまな映画や本、漫画や音楽を食わず嫌いせずに試してみる。新しい趣味に手をつけてみる。

　これは理屈上決して間違いではないのですが、なにが「大好き」なのかわからないぐらい善玉菌が弱まっている状態では、理解できない問題集をやらされているようなものです。ストレスになりかねません。

　初めはもっともっと小さなことから始めましょう。

　弱りきった善玉菌を大きく育てていくオススメの方法は、今日からもっと「丁寧な暮らし」をすることです。

　「丁寧な暮らし」なんて聞くと、手作りパンを焼いたり、梅干しを漬けたりするイメージかもしれませんが、ここで言いたいのはそういうことではありません。

毎日における一つ一つの選択を、自分の意思をもって、はっきりと選びとることです。

　朝起きて一番に、あなたはなにをしますか？　なんとなくぼんやりと、携帯をチェックしていませんか？　それって、本当にあなたがやりたいことでしょうか？

　あなたは朝食に、なにを食べていますか？　なんとなく習慣で、適当に買った食パンを食べていませんか？　あるいは、健康にいいはず、というぼんやりした気分で青汁を飲んでいませんか？

　出勤するとき、どんな格好をしていますか？　どんな道を通りますか？　会社に着くのはギリギリですか？　早めですか？　そのすべての選択に、はっきりとした自分の意思はあるでしょうか？

　今日からは、その一つ一つを自分に問い直して、「本当はどうしたいのか」を考えるようにしてください。

　本当は、あなたは朝一番に、なにをやりたいですか？　本当は、どんな服を着たいですか？　本当は、どんな職場で働きたいですか？　本当は、お昼になにを食べたいですか？

　丁寧に一つ一つ自分に確認して、その都度できる範囲で構わないので、本当にやりたい選択をするようにしましょう。

朝、どうしてもラーメンが食べたいと思ったら、常識的にどうだとかそんなことは全部忘れて、早めに家をでてラーメンを食べる。そんなことでいいのです。

最初のうちは「こんなことでなにが変わるんだ?」と、まどろっこしく感じるでしょう。いちいち考えるのって面倒だし「意味あるの?」と。

でも、安心してください。必ず効果はでます。自分の意思を確認して、それを実現するために努力する。たとえ些細なことでも、いつもよりもうれしい気持ちが心の中にわきおこります。

少しずつ善玉菌が元気を取り戻してくると、丁寧な暮らしはどんどん簡単になり、日々の選択をするスピードはもっと早く、確信はますます深くなっていきます。

そうやって自分の望む選択肢がはっきりしてくると、そこに現れてくるのがあなたの「好み」です。なにが好きで、なにが嫌いなのか、なにに興味があって、なにがどうでもいいのか、わかってきます。

その好みこそが、あなたの善玉菌の求めているものです。好みを大事に育てましょう。世間の「これが流行っている」とか「これが普通」なんてものとは、違っていて構わないのです。というか、違っていて当たり前です。

自分の好みを批判したり馬鹿にしたりせず、大切に扱ってください。「あれがいいな」「これがいいな」「これは嫌

いだな」、その心の声にただ素直に従ってください。あなたが素直であればあるほど、その声は大きくなっていきます。

　丁寧な暮らしで、好みが育ってきたことを実感できたら、暇な時間を利用して、あなたの好きなものを探しにいきましょう。いえ、きっとあなたは言われなくてもそうしたくなるはずです。

　好みを取り戻したあなたはもう、暇つぶしを必要としなくなります。時間さえあれば大好きなものを探し、大好きなものに触れ、大好きなことをしたくなるからです。

名言でわかる！心のフローラ論

ヘンリー・ディヴィッド・ソロー

自分の心から好きなことをやれ。自分の骨の味を知れ。噛み締めよ。地面に埋めよ。掘り出してもう一度噛み締めよ

160年以上読み継がれる古典『森の生活』を残したアメリカの作家も、徹底して「好きなことをやること」にこだわって生きることをすすめています。一回埋めても、さらに掘り起こしてもう一度。しつこく自分の好きを追い求め、味わい尽くしましょう！

12 善玉菌を育てるのが しんどいとき

日々の選択肢を
丁寧に選ぶ

面倒くさくなっちゃうこともあるし

116

悪玉菌の攻撃にめげそうになるときもある

くじけそうなときのため
「善玉菌の餌リスト」を作っておく

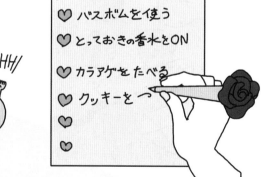

考えただけで思わず笑みがこぼれるような
あんなことやこんなこと

ここぞというとき
さっとチャージできるよう準備しておこう

それでもダメなときはせめて

自分を責めないこと!

なにをするべきかの
選択に迷ったら

　弱りきった善玉菌を元気にさせるために、丁寧な暮らしをすること。自分の意思で日々の選択を行うこと。

　これらに本気で取り組み始めると、判断に悩むことも少なくないはずです。

　例えば、きちんとスキンケアして優雅な気持ちで眠りたいけど、面倒だから化粧を落とさずに今すぐ眠りたい。自炊してきちんとしたご飯を食べたいけれど、今日は疲れたから料理をしたくない、と相反する気持ちのときは、どう判断すればいいのでしょう?

　あるいは、他人の悪口を言いたくてたまらなくなったときや、暇つぶしのような娯楽を楽しみたくてたまらない。そんなときは、自分の意思に従って悪口を言ったり、ドラマや漫画をダラダラ楽しんだりしていいのでしょうか?

　よくよく観察してみると、こういう迷いは「善玉菌の欲望」と「悪玉菌の欲望」がぶつかっているために起こるのです。

　「面倒だからこのまま寝たい」「疲れたから料理したくない」「暇つぶししたい」「人の悪口を言いたい」。このような気持ちは、基本的に悪玉菌の欲望が原因で、悪玉菌が餌を得るために引き起こしているものです。その証拠に、こ

れらの選択肢はすべて、実行した後で「後悔」というネガティブな感情を引き起こします。

　逆ならどうでしょう。
　「面倒だけどちゃんとスキンケアして眠った」「疲れていたけどちゃんと自炊ができた」「人の悪口を言いたかったけれど我慢した」「興味のないドラマをダラダラ見るのをやめた」。結果は言わずもがなですよね。

　悩みが生じたときは自分にこう問いかければいいのです。
　「この行動をしたあと、私はどんな気持ちになるだろう?」
　「私を明るく前向きな気持ちにさせてくれるのは、どっちの行動だろう?」

　ただ、実を言えばこんな質問をしなくても、あなたは自分の心の中に浮かんだ願望のどちらを選ぶべきか、直感的に理解しているはずです。
　それでも、どうしても選ぶべき行動をとることができないから悩むのです。

　悪玉菌の欲求に負けそうなときに大切なのは、善玉菌が弱っていることを自覚することです。善玉菌にいい選択肢が頭に浮かんでいるのに、それを選べないのは、悪玉菌が強くなっている証拠。
　一旦選択するのは保留にして、別の方法で善玉菌を強

化させる行動をとりましょう。

　このようなときのために、「手っとり早い善玉菌の餌リスト」を作っておくのがおすすめです。

　私のリストを少しご紹介しますね。
・おいしいワイン（コンビニで買えるやつでOK）を飲む
・大好きなドラマ（オーストラリアのplease like Meという作品）をみる
・かわいいお菓子（一番手軽なのは「たべっこ動物」）を食べる
・筋トレ（ジャンプスクワット）をする
・アロマキャンドルに火をつける
・何度見ても笑える動画コレクションを見直す
・息子の写真を見る

　なるべく具体的で、場所や状況を選ばないものをリストに入れておくと非常に役立ちます。これらの方法を使って善玉菌をある程度活性化させてから再度選択肢に向き合うと、次はもっとすんなりと「取るべき選択肢」を実行できるはずです。

　ただ、どれほど手を尽くそうとも、悪玉菌に負けてしまうことは誰にでもあります。こんなふうに偉そうに話している私も、わかっているのに大して好きでもないジャンクフードを頬張ってしまうことや、面倒くさくて家事をほったらかしてしまうことがあります。でも、それはそれでいいのです。

「ああ、今回は負けてしまったな」という自覚がもてれば十分。特に取り組み始めた最初のうちは、負け続けていて当たり前です。それほどまでに、悪玉菌の力が強いのだなあと、そんなふうに自分を眺めていればいい。完璧を目指さないことも、善玉菌を育てるうえで大切なポイントです。

デール・カーネギー

今日という日は、
悩みや後悔の硫酸で腐らせてしまうには、
あまりにも貴重な日だ

企業トレーニングの講師や教師としても活躍していたデール・カーネギーは、1日という時間が、人間にとってどれほど大切であるかについて語っています。ついつい怠けてしまう日もあるけれど、今日という1日と大切に向き合っていきたいですね。

13 善玉菌がくれる
シークレットサプライズ

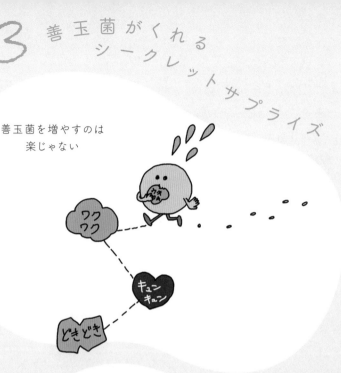

善玉菌を増やすのは
楽じゃない

ワクワク

キュンキュン

どきどき

時間も使うし頭も使う
最初は疲れちゃうかも

でもとにかく　諦めなければ

善玉菌を増やしたい
その気持ちだけ　捨てずにいれば

善玉菌は必ず応えてくれる

あなたをキラキラした場所へと
知らぬ間に導いてくれる…

どんなことが待っているかは
導かれた先でのお楽しみ

サプライズはちゃんと準備されてる
だから　パーティーの途中で帰らないでね！

善 玉 菌 を 育 て る た め の
Q & A

Q 丁寧な暮らしをしたいと思っても、仕事や育児、介護に追われて、とても余裕がありません。どうしたらいいのでしょう?

A 「今日はどうしてもおしゃれなレストランで外食を楽しみたい」、自分の心がそう叫んでいても、現実がそうさせてくれないことは、しょっちゅうあります。激務や育児、介護などの事情があると、むしろそんな状況だらけで、自分の意思が叶えられることなんてほとんど奇跡に近いこともあるでしょう。

　私も育児の経験者として、その気持ち、辛さは想像できるつもりです。あまりにも自分の気持ちが叶えられないでいると、無視してしまった方がよっぽど楽だと思うかもしれません。丁寧な暮らしなんてくだらないとしか思えないときもあるかもしれません。

　そんな状況のあなたにお伝えしたいのは、それでもやっぱり、自分の気持ちを確認することを忘れないでほしいのです。

本当は、どうしてもおしゃれなレストランに行きたい。でも、三人の子どもにご飯を食べさせるために、ガマンして家で黙々と家事をこなす。

　すべての選択を、家族や仕事のために犠牲にしている自分を、毎度毎度ちゃんと褒めてあげてください。家族や仕事のために自分の気持ちを犠牲にすることを、当たり前だと思わないでほしいのです。あなたはがんばっています。誰も認めてくれないとしても、そのことを確認し続けてください。

　「本当はこうしたかった、ああしたかった」そういうことを考えていると、涙がでてくることがあります。そんな自分に、ただ寄り添ってあげてください。「そうだね。そうしたかったよね。こんなにガマンばっかりしていたくないよね」という優しい態度で。

　どんな状況にいようとも、善玉菌を育て、悪玉菌を弱らせることは可能です。少しでも悪玉菌が弱ってくると、物の見方や周囲の状況にも変化が訪れるはず。どうか負けないで、自分の気持ちに目を向け続けてくださいね。

Q　嫌いな誰かに「復讐してやりたい」という自分の意思を叶えることは、善玉菌の餌になりますか？

A自分のなかに眠っている気持ちを掘り起こしていくと、想像もしなかった凶暴な思いに気がつくことは、決して珍しいことではありません。そんな自分を直視できずに無視してしまう人も多い中で、このような願望を言語化できるのは、善玉菌が活性化してきている証拠ですから、それ自体はむしろ喜ぶべきことです。

とはいえ、復讐であろうが、嫌いな人間を陥れることであろうが、他人を攻撃することはおすすめできませんし、そういう行動が善玉菌の餌につながることはありません。はっきりと反対します。

正義のためとかではなく（もちろんそういう側面もありますが）、あなたのためにやめるべきです。なぜなら、他人に意図的に危害を加えることを正当化できるほど、私たちの心は強くできていないからです。

復讐を実行に移した場合、その瞬間はスカッとできたとしても、遠くない将来、激しい罪悪感に襲われるはずです。消えない罪悪感は悪玉菌の餌になり、あなたを長い間苦しめるかもしれません。

自分の暗い欲望や願望に気がついても、それ自体を否定する必要はありません。

暗い願望はそういうものとして保留しておき、引き続き、悪玉菌の弱体化と善玉菌の強化に取り組みましょう。

誰かを懲らしめてやりたいと思いながら、それを行動に移すことなく自分の中に留めておくのは立派なことです。そんな自分をどうぞ誇りに思ってください。その誇りがまた、

善玉菌の餌になってくれます。善玉菌が育っていけば、この願望にもそのうち変化が訪れるはずです。

サミュエル・ジョンソン

あらゆる出来事の最もいい面に目を向ける
習慣は、年間1千ポンドの所得よりも
価値がある

物事のいい面に目を向けるのは、善玉菌の仕事です。つまり、18世紀の文学者であるサミュエル・ジョンソンは、善玉菌を育てる習慣には、素晴らしい価値があると言っています。何億ものお金を積まれても、私もこの習慣だけは失いたくないです！

4 章

心のフローラ論
からわかること

心の細菌バランスが
改善してくると

世の中の見え方が
まるっきり変わってきます

好きなものや好きな時間が増えて
嫌いなものや嫌いな時間が減っていく

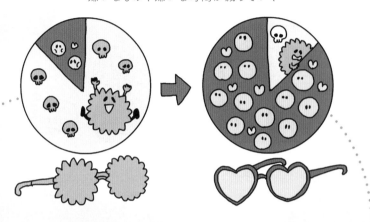

するともちろん人生が楽しくなって

オーイ

人生は
しんどいんだ
ぞー

楽しい人生を送ってる自分が
素敵だと思えてくる

自分を愛するってつまり
自分の毎日を愛すること

毎日を輝かせるのは
大げさじゃない　ちょっとした喜び

善玉菌の力を借りて
毎日を好きなもので埋めつくそう

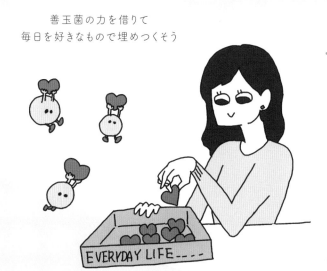

自分を愛することは、自分の 周囲のすべてを愛すること

　悪玉菌を減らし善玉菌を増やす生活を続けていると、1日のなかに大好きな時間が増えていくことに気がつくはずです。そして、身の回りに好きな人や好きなものが増えていくことにも。

　これは当然と言えば当然で、善玉菌を増やすために意思のある選択をしていると、自分にとってどうでもいいものや、嫌いなものをわざわざ選ぶことはしなくなります。すると必然的に、いつもの暮らしを以前よりも楽しめるようになって、自分の毎日を好きになれます。

　すると、次の段階のことが起こります。それは、自己肯定感が上がるのです。自分のことも以前より好きになれます。

　これにはいくつかの理由があります。

　1つめの理由は、「悪玉菌が弱る」からです。自分や自分の生活にあれこれとなんクセをつけたり悲観したりするクセが弱くなるため、そのぶんいいところに目がいくようになります。

　そしてもう1つは、自分を磨いている実感です。善玉菌を増やして悪玉菌を減らす生活は、特に始めた当初はなかなかの努力が必要です。その努力をわずかな期間でも

続けて前向きな変化を確認できれば、自分で自分を向上させていることが実感できます。誇らしく、自分を褒めたい気持ちになるはずです。

　最後の理由、ここが最も重要ですが、「自分を愛することとは、すなわち、イコール、自分の生活を愛すること」だからです。自己肯定感を上げるなんていうと、難しそうに感じるけれど、自分を肯定する、好きになるって、じつは単純なこと。
　「自分の『生活』を肯定し、好きになる」ことができれば、それだけで自分を肯定できるのです。

　嘘だと思うのなら、ちょっと考えてみてください。あなたが大好きな人やものに囲まれて、大好きな仕事をして、大好きな場所に住んで……大好きなものだけに触れる生活を。それでも「自分のことを嫌い」でいられるかどうか。
　逆も同時に想像してみましょう。嫌いなものづくしの生活をしながら、それでも自分を大好きでいられますか？

　人は自分の好きなものに囲まれていると、自分への愛を感じられるようにできています。大好きなものに触れている時間には、「自分は大好きなものにふさわしい、素晴らしい存在だ」というメッセージを自動的に受け取っているのです。

　逆もしかりで、好きでもない、嫌いなものに触れている

時間、「自分は嫌いなもの、好きでもないものがお似合いのしょうもない人間だ」というメッセージを受け取っていることになります。

　環境、家、家具、服、仕事、人間関係など、生活に関わるすべてのものをお気に入りでそろえるのは物理的にも時間的にも金銭的にも負担が大きいでしょう。運の要素もあるため、一朝一夕で完成できるものではありません。それでも可能な範囲でゆっくりと、少しずつ生活がよくなっていけば、そして、今は無理でもここをこうしよう、あれをこうしようと前向きな計画を立てることができれば。それが、好きなことに囲まれているのと同じくらい「自分は大切な存在だ」というメッセージを自分に送ることになります。

　この点に無自覚だと、「腹を満たせばなんでも同じ」だと考えて、代わり映えのしないコンビニ弁当を毎日食べたり、「まだ着られるから平気」と気に入っていないシャツを着続けたり、自分の部屋が散らかっていても「面倒だから」とほったらかしたままになります。
　コンビニ弁当も古いシャツも散らかった部屋も、あなたの体にはダメージを与えていないかもしれません。でも、それらの行動が、自分の心にどういうメッセージを送っているのか？　自分の善玉菌をどれほど痛めつけているのか、考えてほしいのです。

　3千円のどうでもいい服と、3万円の大好きな服。

心への影響を考えたら、どちらの方が本当にコスパがいいのかは一目瞭然です。

　では、お金が貯まるけど大嫌いな仕事と、お金にはならないけど大好きな仕事では？　便利だけど好きじゃない家と、不便だけど大好きな家なら？　好きでもないお金持ちの彼と、お金はないけど大好きな彼なら？

　もう、答えはおわかりですよね。

　自分の生活に「大好き」を増やすためには、苦労も手間もかかります。でも、その手間が、自分への愛をさらに深めるのです。

　できる範囲で自分にサービスしてくれる人と、その人のすべてをかけて精一杯サービスをしてくれる人がいたら、どちらに愛を感じるでしょう？　あなたがあなたに手間をかけてあげればあげるほど、あなたに愛を感じる。これって当然のことです。

名言でわかる！　心のフローラ論

ロバート・ルイス・スティーヴンソン

いつも楽しく暮らすよう心がければ、外的環境から完全に、あるいはほとんど開放される

私たちはむしろ「外的環境がよくないから、楽しく暮らせないんだ」と考えてしまいがちですが、この小説家の名言は、全く逆の視点を与えてくれます。楽しく暮らすことは、どんな場所でも自分一人で始められる、人生の逆転方法です。

善玉菌と悪玉菌を
日常的に観察していると

心は自分の思い通りにならないことが
よくわかる

そしてそれは、まわりの人も同じ

イライラしているあの人も
暗くなっているあの人も
ニコニコ笑っているあの人も

好きでそうなっているわけじゃない

なのに自分を責めている

自分を責めるから
他人のことも責めてしまう

本当は誰も悪くない
気持ちって
空のお天気のようなもの

私たちは、無実の罪で
自分を責めて暮らしている

　心の中に悪玉菌と善玉菌がいる感覚が定着してくると、自己肯定感が上がると同時に、自分自身や世の中への目線も変わっていきます。

　まずなにより、「感情はコントロールできない」ことがよくわかります。

　心の細菌バランスによって引き起こされるものが感情です。まるで天気のように、からっと晴れる日があれば、雨が降るときもあります。それはただの結果であって、自分が選んだものではありません。

　感情は、心の細菌バランスを調整するためのヒントとして活用するだけです。「最近、私の心は雨ばかり。こりゃ悪玉菌が元気になりすぎているなあ。そろそろ休憩して、大好きな映画でも見に行かなきゃ」というように。

　心のフローラ論を採用していない人は、心の中が晴れたり曇ったり、ときには土砂降りになることを全部自分のせいだと思い込んで、「雨を降らせてはいけない」「ずっと晴れなくてはいけない！」と必死に頭を働かせて疲労を溜めていきます。「心の中が雨続き。私ってダメな人間だ。小さい人間だ。もっと成長しなきゃ。このバカ、ろくでなし」。

ただでさえ不調を訴えている心に、自分を責めるストレスを加えてしまい、悪玉菌を太らせ、他人にも厳しく当たってしまいます。

　私たちは幼い頃から、自分の感情の責任をとるように教えられています。悲しくて泣いていると「泣くことじゃないでしょ!」と叱られたり、あるいは優しく諭されたり。怒りを感じて癇癪を起こすと「そんなことで怒ってはいけない、短気を起こしてはいけない」と言われます。雨が降るたびに「雨を降らせるな」、雷が鳴るたびに「雷を鳴らすな」と叱られているようなものです。それはただ起こったことなのに、なぜか責められてしまう。こんなことが続けば、責任を感じてしまうのも当然ですよね。
　みんな、無実の罪を着せられて、自分を責めて暮らしています。できないことも、がんばれないことも、意地悪な考えも、嫉妬してしまう弱さも、全部全部、私たちのせいではないのに。ただ、心の善玉菌と悪玉菌のバランスが崩れているだけなのに。

　あなたも、時々取り乱してしまう自分を、誰かを傷つけてしまう自分を、いい人じゃない自分を、これまでずっと責めてきたのではないでしょうか?　そして自分を責めながら、いつまでも改善できない自分が、嫌でたまらなかったのではないでしょうか?　それもこれも全部全部、仕方がないことだったのです。なにもかも、あなたのせいではないのですから。

「私の感情は、私のせいではない」「私の弱さは、私の
せいではない」と認めてしまうのが怖いと思う人もいます。
そんなふうに開き直ってしまったら、自分がとんでもなく傲
慢で尊大な人間になるのではないか。他人の迷惑を顧み
ず、自分の利益ばかり追い求めるろくでなしになるのでは
ないか、と。

　でも、その心配は無用です。
　「感情の責任」という重い荷物を下ろした人は、これま
でよりずっとずっと他人に優しくなれます。そして、これまで
よりずっとずっと、強い人間になれます。ストレスがなくなっ
た人は、ストレスがある人よりも余裕のある人間になれます。
余裕があれば、誰しも善人でいられます。もちろん、あな
ただって。
　あなたはもともと優しくて強い人です。ストレスによって
つぶされてしまっているだけなのです。

　自分を無実の罪で責め、自分を罰することがどれほどの
ストレスになっているかを、ほとんどの人は知りません。
　「私なんかが、生きていてもいいのだろうか」。
　自分を罰する人たちは、自覚していてもしていなくても、
常にそういう心を抱えています。褒め言葉を必死に求め、
みんなに愛されたいと願います。そうすれば、生きていて
もいいと思えるからです。
　他人からの批判や悪口を、必死に打ち消さずにはいられ

ません。批判や悪口が真実だとしたら、本当に生きている価値がないからです。

　ありもしない罪に苦しめられた結果、私たちはお互いに蹴落としあい、恨みあい、マウントしあい、「正しい人間」「愛される人間」「生きていてもいい人間」の座を奪いあう生活をしています。安らぎとも自由とも程遠い生活。もともと、誰も悪くなんかないのに。

　最初からみんな「無実なんだ」ということに、もっとたくさんの人が気づいてくれたら、世の中はきっともっと優しく、安心できる場所になるはずです。

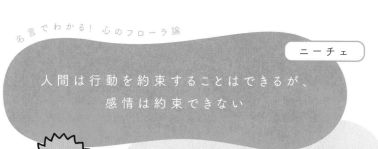

名言でわかる！心のフローラ論

ニーチェ

人間は行動を約束することはできるが、
感情は約束できない

「神は死んだ」などニヒルな発言でよく知られる哲学者・ニーチェ。人間の苦悩について考え続けた彼は、感情が人間のコントロールを超えていることを指摘しながら、ネガティブな感情に流されない強さが重要だと説いていました。

悪玉菌はあの人は上だ！下だ！
って騒ぐけど

善玉菌が増えると
そういう比較をしなくなっていく

一般的に見て下だとか負けだとか
言われがちな人が実際にそうだとは限らなくて

実は最高に幸せな生活を
謳歌していることもある

大事なのは
「あなたが好きなこと」をすること

勝ち負けをゲームで競うのは
楽しいけど

人生に勝ち負けはありません
競うことではありません

でも、実はそのことを知っている人ほど
「勝ち」とか「上」とかを
手に入れやすかったりするのです

比 較 の 価 値 観 を 手 放 す

　私たちは「正解」と「不正解」、「勝ち組」と「負け組」といった物事の優劣を無意識のうちに植えつけられて育ちます。

　誰かと喧嘩をすると「私が悪かったのかな?」と思ったり、言い争いをしている2人を見ると「どっちが正しいのだろう」と考えがちです。何かの選択を迫られると「どれを選ぶのが正しいだろう?」と悩む人も多いはず。
　また、苦しんでいるように見える人に対して「あんな悲惨な生き方はしたくない」と思ったり、成功しているように見える人には「あんなふうになれたらいいな」と羨望の眼差しを向けたりします。

　悪玉菌は、物事に優劣をつけること、なんでもかんでも人と比べることが大好きです。なぜなら、これこそ人生の苦しみを生みだす特大の要素だからです。

　自分が正解でいるためには、誰かを不正解にしなければならない。誰かを勝ち組だと称えるためには、誰かが負け組にならなくてはいけない。
　比較の価値観を手放さない限り、人はネガティブな感情

から逃げられないのです。悪玉菌にとって、これほど便利なものはありません。

　悪玉菌を弱らせて善玉菌を育てる生活を実践していると、自分を幸せにしてくれるのは、自分の好きなものであって、世間で「上」や「勝ち」とか言われているものではないことが、実感をもってよくわかるようになります。

　すると、上下勝ち負けの価値観について考える時間は減り、「人と比べるのはよくない！　私は私！」と自分に言い聞かせなくても、自分が正しいとか間違っているとか上だとか下だとか、そんなことは自然と頭から消えていきます。

　その代わり「好きか嫌いか」という基準に対して敏感になるはずです。

　例えば、必死に対策や勉強をして一流の会社に入社できたとします。一般的にみれば人も羨むような待遇で、どうみても「上」の会社だとしても、入社後にあなたの善玉菌が弱っているのを感じたら、「やめるべきである」ことがわかるでしょう。

　また、お金持ちのイケメンに告白されたとします。誰もが羨む相手なのはよくわかっていても、自分の心が動かなければ、悩む理由もなくその申し出をすぐに断って別の恋を探すでしょう。

　なにが正解で、なにが間違いか。

なにが優っていて、なにが劣っているか。

　誰もそんなことを正しく判断できないし、判断する権利もありません。あれが「上」、これが「下」と好き勝手に言うのは自由ですが、それは一つの価値観でしかなく、その価値観には正解も不正解もないのです。

　あなたにとっての正解は、あなたや、あなたの善玉菌が決めることであり、世間ではありません。そして、他人にとっての正解も、あなたや社会が決めることではなく、その人の善玉菌が決めることです。

　もちろん、ゲームやスポーツにおいては、勝ち負けの概念が欠かせません。ここでいう勝ち負けは、あくまでゲームやスポーツのルールの下で成り立つものです。

　人生はゲームでもスポーツでもなく、もちろんルールは存在しません。ありもしない勝ち負けにこだわって生きていくのは、本当にもったいないことです。

　ただ一点、面白いのは、善玉菌を育てて上下や勝ち負けの価値観にこだわらなくなった人は、むしろ世間的にも「勝ち」やすく、「上」になりやすいことです。

　これはきっと、失敗を恐れずに行動を起こせるからです。

　上下や勝ち負けにこだわる人は、失敗することそのものへの恐れのほかに、人に笑われるかも、馬鹿にされるかも、負け組になるかも、と余計なことをいっぱい考えて動けなく

なることが本当に多いのです。

チャールズ・シュワブ

限りなく心を打ち込んでかかれる事柄であれ
ば、人間はたいていのものに成功できる

アメリカで2番目に大きな鉄鋼メーカーの創始者・チャー
ルズシュワブが言うのですから、これ以上の説得力は
ありません。「自分の好きなことを全力でやる！」と心に
決めれば、不思議なくらい運命が味方してくれるもの
なのです。

悪玉菌を減らして善玉菌を増やす
これを1週間も続ければ

心の調子が上向きになるのを
わずかでも感じられるはず

上向きになってしばらくすると
心のフローラのことなんか
忘れちゃうかもしれません

でも大丈夫
また調子が落ちたときで構わないから

その不調はあなたのせいじゃない
悪玉菌のせいだってことを思い出して

またイチから始めれば大丈夫

やったりやらなかったりでも大丈夫
あなたの心はだんだんコツを
掴んでいくから

諦めさえしなければ後戻りはしないんです
ゆっくりいきましょう

よりいい習慣を
続けていくために

　「悪玉菌を弱らせる方法」と「善玉菌を強化する方法」を実践するのは簡単ではありません。

　「ネガティブ情報をカットする」「丁寧に暮らす」。ただこれだけのことですが、私がこれまで実践してきた経験上、どれだけ難しいことを言っているかはよくわかっているつもりです。

　特に実行し始めてすぐの頃ほど難しく感じられるかもしれません。それは、「現在の生活『プラス』ネガティブ情報をカットする活動と、丁寧な暮らしを実践する活動」の全部をがんばろうと考えてしまうからです。

　すでに無限にある「がんばることリスト」の最後尾に「善玉菌を育てる!」「悪玉菌を弱める!」という項目を追加するやり方だと、幸せになるどころか、余計に人生に疲れてしまいます。

　私が提案したいのは、「がんばることリスト」をすべて破り捨てて、「善玉菌を育て、悪玉菌を弱める」ことだけに集中することです。

　がんばっているあらゆること。あの人の機嫌を損ねないようにしようとか、仕事で結果をだせるようにしようとか、家族のためにあれこれをきちんとしようとか、そういうことは全

部やめて大丈夫です。

　失敗しながらでもいい、間違えながらでもいいから、とにかく「悪玉菌を弱める」「善玉菌を育てる」、この2つのことだけに集中して、それ以外のことは一切がんばらなくても確実に幸福はやってきます。

　いやむしろ、それ以外はやらない方がいいくらいです、本当のところは。

　今必死に取り組んでいることを「それはやめて大丈夫」と言われると、嫌な気持ちになる人もいるかもしれませんし、やめろと言われてもやめる方法がわからない人も多いはずです。

　もちろん無理をする必要はありませんが、ごくわずかな時間、たった1日だけ、あるいは午前中だけ、もっと言えば1時間だけでも、とにかくこの2つに集中してほしいのです。

　心のフローラ論をちょっぴりでも実践すれば、気分がよくなるのを感じられるはずです。実践すればするほど、さらに気分はよくなっていきます。

　そして、それからどうなるか。その先のことをお知らせしておきます。

　たぶん、当たる予言です。

　あなたはしばらく経つと、心のフローラ論のことを忘れて

しまうでしょう。でも、それでいいんです。人は気分がよくなるとがんばる必要性なんか感じなくなるので、忘れてしまうのはいいことです。

　ただ、お願いしたいのは、次にしんどくなったときに、このことを思いだせるようにしてください。心のフローラ論のいいところは、途中でやめてしまっても、やったことが無駄にならないことです。

　ダイエットであれば、昨日のジョギングが今日の焼肉で帳消しになることもあり得るけれど、心のフローラ論は、やればやるほど変化があって、一度得られた変化は消えません。だから、嫌なことがあるたびにこの本を読み返して、気の向くままに実践してみてください。

　つらいことがあるたびに実践して、つらいことが過ぎ去ったら忘れてしまう。それで全然構いません。行ったり来たりを繰り返しながら、あなたの内面には、確実に「幸福を感じる回路」が生みだされていきます。

　いつかあなたは過去の習慣をすっかり捨てて、完全な別人へと生まれ変わり、そしてこう言います。「私は一体全体、どうしてあんなに苦しんでいたんだろう?」

　もちろん毎日本気で実践すれば、そのぶん早く幸福になれることは約束できます。真面目にやれば、あなたの心の中の細菌は必ず応えてくれる。

でもね、急がなくていいんです。 ゆっくり幸せになればいいんです。

　心のフローラ論というアイデアを、あなたがあなた自身を責めることに決して使わないでください。「私はまた悪玉菌を育ててしまった！」とか「また雑に暮らしてしまった！」とか、思わなくていいんです！　それこそ、悪玉菌の思うツボですしね。

名言でわかる！　心のフローラ論

ラルフ・ワルド・エマーソン

あなたは全力を尽くした。確かにへまもやったし、馬鹿なこともしでかした。そんなことはできるだけ早く忘れよう。明日は新しい日だ。明日をつつがなく、静かに始めるのだ

自分を信じて突き進む「自己信頼」という生き方を提案したアメリカの思想家・エマーソンは、意思のある生き方がどれほど難しいものであるかをよく理解していたに違いありません。今日がダメでも、また明日があるんです。

5 章

やってみたら
わかったこと

悪玉菌に支配されて
長い間生きていた私

親に怖いことをたくさん
教えられて

小さい頃から
世の中は怖くてたまらない場所だった

悪玉菌だけが自分の
味方みたいに思えた

善玉菌は消えかけてた

「私って安全！　対策バッチリ！　幸せ！」

好きなことはあれもこれも捨てて
人の顔色ばかり見て

怖いことから逃げるのが
私の人生だった…

「心のフローラ論」で
変わったこと①

　さて、ここまで「心の悪玉菌と善玉菌」というヘンテコな話を進めてきましたが、理論ばかりで、いまいち実感がわかない、「本当に効果があるの?」と感じている人も多いはず。そこで、もう少し具体的に、この理論で人生がどんなふうに変わるのかを、例をあげて説明していきます。

　まずは、私自身が「心のフローラ論」を通してどんなふうに変わったか。

　過去を思い起こすと、私は自分の顔、姿、性格、声、とにかくすべてが嫌いだったし、親も兄弟も嫌いでした。友達に対しては見下したり卑屈になったり、恋人にはやたらと依存したり、逆に突き放したり、人間関係が大忙しでした。

　それから未来が不安で、お金がなくなる心配ばかりしていました。時々贅沢をすると、罪悪感に苛まれて全然楽しめません。

　自分よりマズい(ように見える)状況に置かれている人を見てホッとして、自分よりうまくやっている人に嫉妬して。

　毎日やりたくないのにやらなければいけないことばかりで、家事も仕事も嫌いでした。

できる人間だと思われたくて、なにも挑戦できませんでした。特に自分の下手な絵は、誰にも見せられなくて、デザインの仕事で創作意欲をごまかす毎日。そのくせ、「デザインの仕事は自分のやりたかったことじゃない」と自分に言いわけして、仕事の腕を磨くことに熱心になれませんでした。暇なときは、ゲームかSNSかテレビを見て、時間が過ぎ去るのを待っていました。

　悪口を言うのが本当に得意でした。自分を責めまくっていた私は、他人を責めるのも大得意。人の弱点を見つけて笑い、誰かの失敗を嘲っては、自分が勝ったような気持ちになっていました。自分がなにかに挑戦する勇気なんか一つもなかったくせに。

　陰で人の悪口を言えば言うほど、弱点をつけばつくほど、身動きが取れなくなります。なにかの行動を理由に他人を責めるのは、それを自分に禁じるのと同じです。私の人生は禁止事項でいっぱい。苦しかったのに、どうしても人を責めるのをやめられなかった。

　友達を責め、夫を責め、親を責めました。他人を責めさえすれば、自分のロクでもなさをごまかせるような気がしていました。自分がクズだと認めてしまったら、生きている意味なんか本当になにもなくなってしまう。私に生きている意味なんてない。生まれてきてしまったから、生きているしかない。生きているなら、せめて苦しくないように、他人を責

めるしかない。死ぬ勇気なんかない。でも、この先の人生を生きる勇気もない。

　そんな自分が恥ずかしくてたまらなかった。みっともなくて、人には絶対打ち明けられない。いや、人に打ち明けるどころか、自分でも認めることができませんでした。
　私はいつだって、平気なふりをしていました。
　人生が充実していると思われたかったし、自分でも思っていたかった。「自分は大丈夫」だと、「それなりに幸せ」だと、自分に言いきかせ続けました。そのためには、他人を見下すことが必要不可欠でしたが、やたらと謙遜して自分を落として、他人をバカにしている自分を悟られないように気を配っていました。

　でも時々、見ないふりをしている自分の嫌な部分が目について、将来への不安、過去への怒りにのみ込まれて、ものすごく怖くなったり、涙が止まらなかったりするときがありました。それはきまって夜、私に襲いかかってきたのです。

　1人眠れなくなってしまった夜の暗さ。耐えられないような暗さ。

　孤独に声をあげて泣いても、夫に泣きついても、誰かに電話しても、深酒しても、その恐ろしさはどこにも消えてくれませんでした。

今思い出しても、自分がかわいそうで涙がでそうになります。

　本当に苦しかったのに、あの頃は、それを認めることすらできなかった。毎日毎日、よくがんばって暮らしていたねと、自分を褒めてあげたい。そう言われても当時の私はきっと「別に私は大丈夫。普通に幸せだけど？」なんて意地を張っていたでしょうけど。

19

楽しんでばかりの
私の人生

そんな苦しみも
今や過去のこと

過去の私が今の私を見たら
こう言いそう

お先真っ暗かあー
まあ確かに　わかんないよねー

まあ　いいや
音楽きいて絵描こ〜

IGO GO!

ヘタクソー!

飽きたら運動して〜

楽しく仕事して〜

疲れたら寝る

さて　今日はなにしようかな

「心のフローラ論」で
変わったこと②

　私の心の悪玉菌はずいぶん減ってしまって、現在はもちろん、過去にあった嫌だったこと、悲しかったこと、苦しかったことでさえ、見つけるのがとてもとても困難です。

　それはちょうど、昔好きだった人への気持ちを思い出すのが難しいのに似ています。すごく夢中で、大好きで、ずっと一緒にいたいと思っていたことを事実として覚えていても、そのときの気持ちをちゃんと説明することはできないし、過去の自分に全然共感できない。一体なんであの人に夢中になっていたんだろう？
　今の私は、「一体なんで、あんなに苦しんでいたんだろう？」という気持ちです。

　将来の心配はしませんし、過去を嘆くこともありません。将来とんでもない苦労をする可能性があることはわかっているし、過去に受けた家族からのひどい扱いや、友達や恋人に傷つけられた事実は変わりません。でも、それらのことが今では不思議なぐらいどうでもいいのです。
　友達から「昨日、家の鍵をなくして大変だった」って言われたら、「えー大変だったねえ」とか、「かわいそうになぁ」とは思うけれど、「自分も鍵をなくしたらどうしよう!!」なん

て悩んだりはしませんよね？　忙しいときなら、2分後にはその話自体を忘れるレベルです。

　今の私は、自分の過去や未来に対してその程度の感じです。未来はわからない。過去は変えられない。それは以前のままなのに、なんというか、興味がわかないのです。

　夜眠れない日に考えることは、「明日なんの絵を描こうかな〜」とか、「この前見た映画おもしろかったなあ〜」とか、「家のインテリアもっとこういうふうにしたらどうかな〜」とか、そんなことばかりで、がんばって不安や恐怖について考えようとしても難しいのです。

　そして、他人の意見がどうでもよく感じられます。もし、自分のことを貶してくる人がいたら、「この人は、そう考えているんだなあ」と、本当にそれだけ。まあ、バカとか言われたら、反射的にイラッとして「うるせーよ」とは思いますが、それもすぐに忘れます。

　もちろん批判を全部無視するという意味ではありません。自分が目指すことについて参考になりそうな意見はおおいに聞きます。批判されても動揺しないので、むしろ以前より意見を聞き入れやすくなったくらいです。

　同時に、褒められたときの反応も変わりました。うれしいはうれしいのですが、以前のような「認めてもらえた！」という意識はなくなりました。自分が描いた絵や漫画を「いい絵ですね」とか「おもしろいですね」と褒めてもらえると、「だよね！　わかる！　気が合うね〜。うれし〜」という感じ。

自分が自分の1番のファンだと思っているので、褒めてくれる人は「ファン仲間」という感覚に近いのです。礼儀として「ありがとうございます!」とは言いますけどね。心の中は「マジ、それな」。

　こんなふうに説明すると、ものすごくナルシストみたいですが、自分が1番優れているとか、自分が誰と比べてすごいとかは思っていません。ちらっとでもネットを見れば、自分より優れた人がたくさんいることなんて、嫌でもわかります!　それでも、劣っているところがまさに個性であり、魅力的なところだと自然と思えるのです。そこも含めて、「そんな自分が素敵だなあ」と。

　日常生活で嫌なことが頭の中に浮かびません。今、試しに嫌なことを思い出そうと、20分くらい一生懸命考えて唯一思い出したのが、この前の日曜日の朝、コーヒーマシーンにコーヒーの粉をぶちまけたことでした……本当しょうもな。
　表面的な変化で言えば、非常に健康的な生活を送るようになりました。昔は大嫌いだった運動が習慣化し、筋トレやダンス、ヨガをその日の気分で楽しみます。早寝早起き、野菜が多めの食生活が体になじんでいます。

　それと、ずっと思い描いていた「絵や文章を作って気ままに暮らす」という夢が叶いました。完全に無名だったのに、気まぐれにSNSにアップした漫画が話題になって、い

ろいろな媒体から連載や出版の誘いがあり、文章と絵が私の仕事になりました。この本を作らせていただいたことも、以前の私からすれば夢のようなことです。

　幸せに暮らすうち、「夢」だと思い描いていたことが、私の日常になりました。普通に考えれば、夢が叶うことこそ「幸せの印」かもしれませんが、ここはオマケだと思っています。夢が叶ったから「幸せ」じゃないのです。幸せに暮らしているからこそ、上手く流れにのれて、いつの間にか、そういえば夢が叶っている。

　毎日安心していて、楽で、自由です。
　もし明日世界が終わるとしても、後悔しない毎日を送っていると自信をもって言えます。もちろん終わってほしくないですけどね。やりたいことがたくさんありますから。

　とにかく快適としか言いようがない状態ですが、ここから転がり落ちることは、今でもごく稀にあります。そういうときは決まって、体に悪いものを食べて、SNSをぼーっと眺めて、家事に手がつかず、ネガティブな話題に吸い寄せられている自分に気がつきます。
　こういう「悪玉菌活性化のサイン」を察知したら、すぐに善玉菌を育てることを目標に切り替え、悪玉菌に主導権を奪われないように心を調整していきます。それさえ徹底すれば、必ずいつもの状態に戻れることを、はっきり確信しているのです。

20 やってみないと わからない

心のフローラ論を
ただ知っただけで
すぐに人生のコツが
掴める人もいます

MASTER

善玉菌を増やして悪玉菌を減らす
取り組みを続けるうちに
じわっと掴めてくる人もいます

コツを掴んだ後の変化はまさに
「世界が変わる」感覚

これをひと目お見せできたらいいのに！
だけど　それは無理なので

ぜひ自分の目で確かめてほしい

あなたの心もあなたの変化を待っています

遊び　ノリ　気まぐれでいいんです

ぜひこの世界を
覗いてみてね

やっぱちがうなって
思ったらいつでも
元には戻れるよ

視点が変わる体験を

　この本に書いている「心のフローラ論」は、ブログサービス「note」に『不幸脱出マニュアル』というタイトルで公開したものがもとになっています。

　自分の考えを整理するために書いていたので、この本に比べるといくらか不親切で説明が足りていない部分があります。また、読者の方と交流したり、感想や反応を求めたりすることもしませんでした。ただの書きっぱなし、自分が思うままの書き殴りの文章にもかかわらず、多くの反響をいただきました。

　「ずっと掴めなかった幸せの正体が、やっとわかった」という感想や、「どうにか幸せになりたいと願ってたくさんの本を読んできたけど『不幸脱出マニュアル』を読んで、全部の本がいらなくなった」と言ってくださった人もいました。

　「しばらく実践していたら、自分の物事の見方が変わるのをはっきりと感じた」といったものや、「自分の心の動きが怖くなくなった」という変化を実感してくださった人も。

　「本当に効果があった！」と喜んでくださる人たちに共通しているのは、「視点が変わった」と表現されることです。

幸せになった成果報告というと「恋愛がうまくいった」とか「仕事で評価された!」とか「収入が上がった!」とか、そういうものを期待されるかもしれません。でも、私は紛れもなくこの「視点が変わる」という体験こそ、なによりの成果だと感じています。

　「恋愛の悩みは解消されましたが、そんなことよりも、自分の世界が変わったことがうれしい。これを読めてよかった」というメッセージを拝見したときは、自分のために書いた文章ではあるけれど、発信してみてよかったと感激したのを覚えています。
　思わず、こんなふうに返信しました。「そうなんです!それなんです。世界が変わるんですよね! 体験してくださってうれしいです。それこそが私の伝えたかったことで、その場所こそ、私が招待したかったところなんです」と。

　もちろん、反響は効果があったものばかりではありません。役に立たなかったという意見の多くは、「どうしても続かない」「やる気になれない」「許すのが、自分には無理」という声が多く、やったけど効果がなかったのではなく「やらなかった」ものばかりでした。

　自分の理論の正しさを証明したいわけではありません。私の言う通りにやればうまくいくのに「なんでやらないの!?」と言いたいのでもありません。

そもそも、ぶっちゃければ「みんなを幸せにしたい、幸せになってほしい」とは特に思っていません。自分が幸せになったので、せっかくだからみんなにも、どうにかおすそわけできないかなあ、という気持ちで書いています。

　どうか気まぐれに、やってみてほしい。
　善玉菌を育てても、悪玉菌を弱らせても、あなたの毎日に具体的なダメージは及ぼしません。遊びだと思って、ちょっとやってみていただきたいのです。

　人生は本当に素晴らしいものです。
　私たちに与えられた、たった一つの宝物です。
　あなたは素晴らしい「人生」というステージに招かれて、そこで暮らし、今も生きている。それって、すごいことです。なんて言っている私のことを、バカだと思いますか？

　それでも今あなたは、かけがえのない人生の中で、私の書いたこの文章を読んでくれている。つまんないと思っていようが、面白いと思っていようが、どうでもいいのです。せっかく出合ったのだから、きっと意味がある。いえ、意味なんてなくてもいいんですけど、少しだけ試して楽しんでみるのもいいんじゃないでしょうか？

　とはいえ、これまで書いてきたものだけでは具体的な方法がわかりにくくて、どう実行していいのかわからない人もいると思います。

そこで、次の項目では「心のフローラ論」を使うと、日々の悩みがどのように変化するのかを、架空の人物を置いたシチュエーションで説明していきます。架空の話ではありますが、私や私の周囲の人に実際に起きた変化をストーリーにちりばめていますので、実践する上できっと役に立つはずです。

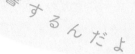

21 親の善玉菌は、子どもにも影響するんだよ

子どもの笑顔は
なによりの善玉菌の餌

でも自由すぎる子どもの行動に
まったくイライラしない人なんていない

WHOOOOOO!

イラ

ママたちは「イライラする私ってダメな親……」
なんて自分を責めるけど

ただ　悪玉菌が増えているだけ

親こそ本気で善玉菌を育てよう

こんなに
小さくなって…

ガマンして当然　じゃなくて

ママー
このお菓子
もっと食べ
たーい

いいよ

もや
っ

お菓子くらい
子どもにあげる
べきだよね…でも
ホントは自分用に
買ったのに…

子どもって
ホントわがままだし
自分勝手…

もや
もや〜

子ども以上に自分の笑顔優先

そのくらいで　きっと
ちょうどいい

ケーススタディ：
子どもにイライラしたとき

　例えば、2歳の子どもをもつ主婦・Aさんのお話。

【「心のフローラ論」を使わない場合】

　昼過ぎ、Aさんは夕飯の買い物に出かけたいと思いました。
　「ねえナナちゃん、お出かけしようか」
　2歳のナナちゃんは、お出かけと聞いて大喜び。いそいそとクローゼットに走っていきます。
　「ママ！　フリフリのジャンパー、なーい！」
　ナナちゃんのお気に入りの上着はちょうど洗濯中だったのです。
　「あれは今洗っているんだよ。ほかのを着て行こうね」
　2歳の子に、こういう理屈は通用しません。
　「いや！　いや！　フリフリがいいの！」
　「洗っているから、びしょびしょだよ！」
　「いいの！　着るの！」
　何度説明しても納得してくれないナナちゃんにしびれを切らしたAさんは、ナナちゃんに無理やり違う上着を着せることにしました。どのみち、そうするしか出かける方法はないからです。

「やだ！　やだ！　やーだー‼︎　フリフリがいい‼︎」

　ナナちゃんは暴れまわって大泣きします。その声を聞いていると、Ａさんはなんだか自分がひどいことをしているような気がしてきます。『私はなんてダメな親なんだろう。もっと上手に子どもを説得してあげなきゃいけないのに。もっと優しくしてあげなきゃいけないのに』。そのとき暴れまわるナナちゃんが、勢い余ってＡさんの顔を叩いてしまいます。

「なにするのよ‼︎　ママが一体なにしたっていうのよ‼︎」

　Ａさんは、ついカッとなって怒鳴ってしまいました。

　火がついたように泣きだすナナちゃん。

　Ａさんはナナちゃんの泣き声を聞きながら、呆然とします。『ああ、やってしまった。最悪な母親。ナナがかわいそう。なんでこんなに短気なんだろう、私。本当にダメな奴。きっとナナからも嫌われている……』。

　もう買い物に行く気力はありません。仕方がないので、冷凍しておいた煮物を夕飯にだすことにしました。実は昨日もこの煮物に頼っていたのですが、食べられるものを用意するだけで精一杯。夕飯の心配をひとまず切り抜けたＡさんは、ナナちゃんに償うような気持ちで一生懸命遊んであげました。

　その後、帰宅した夫が夕飯を見て「またこれ？」と冗談を飛ばしたときに、Ａさんはそれを笑い飛ばせず、大げんかに発展してしまいました。

【「心のフローラ論」を使った場合】

　何度説明しても納得してくれないナナちゃんにしびれを
切らしたAさんは、ナナちゃんに無理やり違う上着を着せる
ことにしました。
　「やだ!　やだ!　やーだー!!　フリフリがいい!!」
　ナナちゃんは暴れまわって大泣きします。
　ここまでは同じ。

　ナナちゃんの声を聞いていると、Aさんは自分の心がざわ
つくのを感じます。
　『私はなんてダメな親なんだろう』そんな声が心に浮か
んだ瞬間、ハッとします。
　『悪玉菌がいる!』
　『もっと上手に子どもを説得できる人もいるんだよ?』
　『もっと優しくしてあげたら?　子どもがかわいそう』
　ついつい悪玉菌の声に巻き込まれそうになりますが、Aさ
んはどうにか踏みとどまろうと、無理に服を着せるのをやめ
て、一旦ナナちゃんから離れました。ナナちゃんは相変わ
らず「イヤイヤ」と言っていますが、Aさんはほんの少しだ
け冷静になることができました。

　『善玉菌を増やさなきゃ』。とはいえ、今できることは多
くありません。
　藁にもすがるような気持ちで洗面所に行き、お気に入り

のハンドクリームを手にとりました。ナナちゃんの声は聞こえていますが、深呼吸してハンドクリームを塗ります。その香りを嗅ぐと、ほんの少しだけほっとできました。

　するとナナちゃんが、走ってAさんのところへやってきます。泣きながら手を伸ばして、抱っこをせがむポーズ。その様子を見て、Aさんは素直に申し訳なかったと思いました。
　「ナナちゃん、フリフリがよかったんだよね。ママ、無理やり着せたりしてごめんね」
　ナナちゃんはぎゅっとAさんにしがみついて、「フリフリがよかったの」と呟きましたが、もう、さっきみたいに泣いていません。
　Aさんは、ナナちゃんが落ち着きを取り戻すのを見て、冷静さを失わずに対処できたことをちょっとだけ誇らしく思いました。

　もう一度ナナちゃんを説得して買い物に行くか迷いましたが、善玉菌に餌をやるために「意志のある選択」をすることにしました。夕飯の中身にこだわるよりも、子どもと平和に過ごすことを大事にしたい。ストックしてある煮物に頼ることが、そのときのAさんにとってベストだったのです。

　そのあと帰宅した夫が「またこれ？」と冗談を飛ばしたときに、Aさんはこう答えました。
　「そうなの。私、最近余裕がなくてご飯も作れないの。リ

フレッシュする時間が欲しいな」

夫はちょっと不満げです。

「先週の日曜日だって、1人で出かけたじゃないか」

Aさんは罪悪感を覚えそうになりますが、悪玉菌は、自分で減らそうと思って減らせるものではないことや、善玉菌を増やそうと思っても増やせるものではないことを思い出します。世間から見て十分な休みをとっていると思えても、結果として善玉菌が増えていないのなら、それは自分にとって十分な休みではないのです。

「そうね。日曜日、もっといい過ごし方をするべきだったかも。次はちゃんとリフレッシュしてくるから、お願い」

どうにか夫の了承を得たAさんは、次の日曜日に善玉菌の餌を大量に摂取できるように計画を立てます。ネットや雑誌を見て、どんなふうに過ごそうか、と想像します。

それだけで、なんだかウキウキワクワクした気持ちになったAさんは、次の日曜日までがんばれる自信がわくと同時に、協力してくれる夫に「ありがとう」を素直に伝えることができました。

子どものワガママを前にして「イライラしてはダメ」と自分に制限をかけて余計にイライラを溜め込む。育児中の親に限らず、私たちは実際にそこにあるストレス以上に「ストレスを感じる自分を責める」ことで、余分なストレスを抱え込んでしまいがちです。こういう人は、誰よりも休息を必要としているのに、自分なんかが休んではいけないと思って

しまう。そして余計にストレスを溜めるという負のループに。

　そこから抜け出すためには、イライラが自分のせいではないことを真っ先に認め、自分を責めて悪玉菌を喜ばせるのをやめて、ケアする方向に舵をとりましょう。

　毎日の生活には、避けられない苦労がたくさんあります。だからこそ、避けられることは避ける、自分を癒す、この2つを意識しなければいけません。それが、自分の機嫌を自分でとるということではないでしょうか。

　このケースでは夫にしわ寄せがいっているように思えるかもしれませんが、それは夫の心の問題であり、Aさんの問題ではない。この切り分けもまた、非常に重要なポイントです。

ビジネスこそ善玉菌の
効果を感じられるとき

大好きな仕事を
している人は
仕事をするだけで
善玉菌が増えるけど

そうでない仕事をしていると
どうしても悪玉菌が増えがち

だから悪玉菌が増えないよう
フローラをしっかり観察しよう

仕事以外の時間は
善玉菌にたっぷり餌をあげて

悪玉菌のリクエストには答えない！

すると仕事がスルッとスムーズに
回るようになったり

もっといい仕事が舞い込むことも…

仕事の成功のためにも
善玉菌の力を味方につけて!

ケーススタディ：
仕事でミスしたとき

　例えば、会社員のBさんの場合。

【「心のフローラ論」を使わない場合】

　仕事中のBさんのもとに、別部署の同僚から電話が入ります。

　Bさんが作成した書類に間違いがあり、大事には至らなかったものの、同僚の部署の部長が非常に怒っているというのです。

　『ヤバイ、どうしよう。やってしまった』、Bさんは絶望します。あの部長の機嫌を損ねてしまった。謝りに行くべきだと思う一方で、まったく気は進みません。

　『自分はなんてわがままなんだ、ミスをして謝りもしないなんて、本当にクズだ。ミスばかりしている気がする。部長が怒っていたというが、きっと会議中の空気も悪かっただろうし、その場にいたみんなが迷惑しただろう。嫌われるかもしれない。いや、もうすでに嫌われているかもしれない。自分と同じミスをしても、別の同僚はなぜか笑って許されている。やはり自分は嫌われているのではないか。部長に謝りに行かなくては……』と頭の中でぐるぐると思いが駆けめぐります。

「あの、Bさん、さっきの件なんですが……」

そんなタイミングで向かいのデスクに座っている部下が話しかけてきて、Bさんは思わず声を荒げました。

「それ、今じゃなきゃダメなのかよ！　お前、空気読めよ！」

部下は萎縮した様子で、無言でデスクに戻りました。そんな様子を見てBさんはますます落ち込みます。ああ、自分はなんて嫌な奴なんだ。ミスをしたわけでもない部下に怒鳴るなんて、本当に最低だ。

　結局、嫌々ながらも謝りに行くことにしたBさん。部長はイライラした調子で、説教を始めました。Bさんは頭を下げながらも、腹の中では全然納得がいきません。『本当はお前がきちんと把握しておくべきことを、こちらが代理で書類にしているだけなのに。なぜあんなに偉そうにできるんだろう!?　本当に腹が立つ』。

　Bさんは怒りでいっぱいになったまま家に帰り、適当に食事をすませて寝ようとしましたが、イライラで眠れず、結局寝落ちするまで携帯で漫画を読み続けました。

【「心のフローラ論」を使った場合】

　仕事中、別部署の同僚からの電話。Bさんは顔面蒼白になり、『ヤバイ、どうしよう。やってしまった。部長の機嫌を損ねてしまった』と思います。

ここまでは同じです。

　でも、「悪玉菌」の存在を知っているBさんは、ここでブレーキを踏みます。『あっ、今、ネガティブな気持ちが膨れ上がっている。悪玉菌が動きだしたぞ』。Bさんの中では変わらず、いろいろなネガティブな言葉が飛び交います。『最悪だ、最悪だ、もうダメだ、自分は嫌われている……』。

　でも、Bさんはそれを他人事のように観察します『悪玉菌が暴れているな……』と。そうするうちに、謝りに行かなきゃと思いながら動きだせないことに気がつきます。

　以前なら、ここでさらに自分を責めていましたが、善玉菌の働きを知っているBさんは単に『悪玉菌が増え、善玉菌が不足しているぞ』と考えました。

　ならばやることは一つ。善玉菌に餌をやろう。

　さて、今この場で、意思をもって、進んでやりたいと思えることはなんだろうか?

　デスクではいいアイデアが浮かばなかったのと、向かいに座っている部下が、話しかけたそうな雰囲気だったので、Bさんは席を立ち、トイレに向かいました。個室に入り、しばらく考えます。体が緊張と恐怖でこわばっていることに気づき、ほぐすことにしました。両腕と胸を伸ばして、深呼吸。少しだけリラックスします。

　とはいえ、大きなショックはまだ続いているので、部長

が怒っている姿が頭に浮かびます。以前のBさんなら「部長が怒っている」としかとらえられませんでしたが、今は自然に「部長のなかの悪玉菌が暴れたのだな」という見方ができました。

『部長の悪玉菌が暴れているから、自分が謝りに行ったときに部長が嫌な態度をとってきても不思議ではないな。悪玉菌は満足して眠ってしまうまで、部長のネガティブな感情を引きだそうとするはずだから。書類のミス一つで悪玉菌がそれだけ暴れるのだから、きっとストレスが溜まっているのかな。仕事も多いし、生活も不規則だろうから無理のないことだ。大変だよな。ただでさえ辛い思いをしている部長に対して、申し訳ないことをしてしまったな』そこまで考えると、Bさんは落ち着きを取り戻します。

そして、ハッと思いつき、携帯に保存している飼い猫の写真を眺めることにしました。『ああかわいい。宇宙一かわいいわ～』。

Bさんは、善玉菌が少しずつ活性化してきたのを感じてトイレをでました。気づけば、そのまま部長のデスクに向かい、頭を下げています。

部長はやっぱり威圧的でしたが、それは想像した通りだったので、仕方がないと受け入れることができました。最後にもう一度心から謝って、自分のデスクに戻ります。

戻るとすぐ、部下から話しかけられました。部長にガミガ

ミ言われたあとのBさんは、先輩に話しかけるときの後輩の気持ちに寄り添うことができて、イライラせず、冷静に返事をすることができたのです。

部下のホッとした様子を見て、Bさんも安心した気持ちになりました。

『部長から少々理不尽な怒りを向けられたが、自分は過剰反応することなく受け入れ、心から謝罪することができたぞ』。Bさんは一連のゴタゴタにうまく対応できた自分を褒めたい気持ちでいっぱいでした。

しかし、萎縮して、自分がくたびれていることもわかっていました。『ちょっと疲れてしまったな。今日はこの疲れを癒すことに集中しよう』。

仕事帰り、少し遠回りをしてお気に入りの居酒屋に寄り、大好きな大将と会話をして元気を取り戻します。とはいえ、飲みすぎは体に響くので早めに帰路につき、お風呂に入ってぐっすりと眠ったのでした。

このケースでのポイントは、自分の感情が自分のせいではないことを認めて善玉菌を増やし、悪玉菌の動きを和らげる「セルフケア」を行うだけに留まらず、理不尽な上司の感情についても、上司自身を責めるのではなく、悪玉菌の仕業であると見抜けた点にあります。

あなたに悪口を言う人、理不尽に責めてくる人は、ビジネスの場に限らず、どこにいても出会うものです。そんなことをされたら腹が立つのは当然ですが、彼らを責めたり、

応戦したりするのは、悪玉菌の餌パーティーに積極的に参加するようなもの。そのような状況でできる最善の行動は、自分の心の善玉菌を増やす、ただそれだけにひたすら集中することです。

　ビジネスの場は、結局のところ人間同士の駆け引きによって成り立っています。自分が平社員であれ、役員であれ、社長であれ、悪玉菌に振り回されることを避け、善玉菌の力で努力を重ねることが大いに役立ちます。

　悪玉菌がいかに私たちを惑わし苦しめているかを理解すると、どんな複雑な人間関係においても冷静に立ち振る舞うことができるようになり、余計なストレスを溜め込むことはなくなり、やるべきことに集中できるはずです。

6 ^章

許せないことを
許す

23 心の奥深くにあるもの……

あなたの心をもっと
深くまで見て行くと

悪玉菌の巣を見つけるかもしれない

それはつらかった過去の出来事
癒えていない心のキズ

時々思い出して苦しくなる
過去の出来事や

心につっかえたままの
あの誰かのひと言

それを思い出すたび
悪玉菌は餌を得ている

悪玉菌にとってそれらの出来事は、まさに「巣」
何度も餌を生みだす大事な供給源

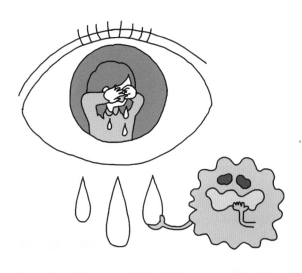

ゆっくりでいいから
この巣を壊していこう

ゼッタイに
壊させたりするもんか！

悪玉菌の「巣」を破壊する

　悪玉菌に餌をやらないように努め、善玉菌に餌をやる習慣を始めてみると、世の中の見え方がどんどん変わっていきます。以前はあれほど暗く、悲しみに満ちていた風景が、気づけばなんだかキラキラしている。どこへ行くにも足取りが軽くなって、意味もなく周囲の人に笑顔を振りまきたくなるかもしれません。いつの間にか、新しい趣味に手をつけたり、ずっとやりたかった活動を実行できたりするかもしれません。

　今までどれほど悪玉菌に影響を受けていたのかと、驚かされるでしょう。

　人によっては、この時点で「満足する」ことができます。そういう方は、この章を読む必要はありません。

　でも、多くの人は、きっとこんなふうだろうと思います。

　「確かに、私の生活は改善した。前よりずっと明るい気分だし、毎日が楽しくなってきた。でも、まだなにか足りない」。

　「まだ、幸せには遠い感じがする」。

　「まだまだ、悪玉菌が強くて、善玉菌が活躍できていない気がする」。

　もう一歩、なにかが足りない。そんなあなたの心には、

おそらく、「悪玉菌の巣」があります。「巣」とは、悪玉菌がぬくぬく眠って仲間を増やし、餌をわけ合って大きくなるところです。

　今いる悪玉菌をどれほど弱体化させても「巣」が存在する限り、悪玉菌の勢いはある一定以上に保たれ続けます。この「巣」というのは、もちろん例え話ですが……。

　これから話すことは、人によっては、聞くだけでも嫌悪感を抱くかもしれません。
　もしつらくなったら、いつかそうならないときまで、この章は飛ばしてください。悪玉菌を弱らせ善玉菌を活性化させることに、ある程度成功すれば、必ず取り組める日がくることをお約束します。
　逆に言えば、善玉菌と悪玉菌のバランスが崩れた状態では、この章はきっと、大なり小なり苦痛を感じるはずです。しんどくなった場合は一旦忘れて、心の細菌バランスを取り戻すことに注力してください。

　こんなにもったいつけて書いているのは、本当は、私だって書きたくないくらいだからです。これが、どれくらい重いことを言っているか、自分でもよくわかっています。

　では、心に出来上がった悪玉菌の巣とは、一体なんでしょう。

それは……あなたが今でも「許していない過去の出来事」です。

　あなたは頻繁に、その出来事を思い出しているはずです。「許さない。絶対許さない。あれだけは許さない」。そのたびに、悪玉菌は餌を頬張ることができます。

　許せない物事が複数ある人は、それだけ多くの「巣」を、自分の心にもっています。

　でも、改めて言わせてください。

　あなたは全然悪くありません。なにかを許せないのは、あなたが未熟だからでも、短気だからでも、悪い人間だからでもないのです。

　心の中でどんなことが起こっていようとも、それはあなたのせいではありません。無関係に、とにかくそうなってしまった。ただ、事実として。

　そして、もう二度と苦しめられないためにできることは、たった一つ。

　許すことです。

　何年も何年も許せない「あのこと」や「このこと」を水に流す。

　これがどれくらいつらくて苦しいことか、お前みたいな奴にはきっとわからない。あなたはそう思うかもしれません。私は実際、あなたがどれほど苦しい思いをしたのか、知ることはできません。私は、のほほんと暮らしてきた、平和

ボケした人間かもしれません。でも、知っています。この世には、想像を絶するほどつらいことに耐えて生きている人がいることを。ここに書くこともはばかられるくらいつらい目にあって、それでも必死に生きている人がいることを。それでもなお、あなたが幸せになるためには、それを水に流すほかないのです。

　許さなくていい、ずっと憎んだままでいい。
　私だってそう言いたいです。
　許せないことがあなたの人生に起こったのは、不運としか言いようがありません。でも、「かわいそう」だとは言いたくないのです。
　あなたは絶対に忘れられる、幸せになれる。だから大丈夫。そう信じて、これを書いています。

名言でわかる！　心のフローラ論

ジョセフ・マーフィー

他人をどうしても許せないという人は、
いつまでも痛みの取れない傷を
負っているようなものです

多数の自己啓発書、癒しの手引書を出版している自己啓発の元祖ともいえるジョセフ・マーフィー。痛みの取れない傷。そんな傷を負わなければよかったと思うのは自然なことです。それでも、治らない傷はないはずです。

なにかを
「許す」ことは

そのなにかを好きになるとか
肯定することじゃない

ただそいつをずっと心に棲まわせるのを
やめるってこと

きっとその出来事の中には
あなたが声にだせなかった
叫びがある

すごく怖いけど
その声を掘り起こして

伝えられなかった言葉を全部言ってみよう

流せなかった涙を
全部流してみよう

すると、そいつはいつか
必ず消えていきます

どうしても許せないことを
許す方法

　許すってどういうことでしょう?

　ここはハッキリさせておきましょう。

　例えば、いじめられた過去を許すことは、「いじめっ子を許す」とか「いじめっ子を好きになる」と同じ意味だと思う人は多いでしょう。つまり、マイナスの感情をプラスに矯正することが、許すことだと思っていませんか?

　それは違います。マイナスの感情をプラスにする必要はありません。嫌いなものを好きになる必要はないのです。

　ここで伝えたいのは、「不快な物事について繰り返し思い出し、憎しみを募らせる習慣を終わりにしましょう」ということです。マイナスをゼロにして、つらい過去を手放す。綺麗に忘れて、わざわざ掘り起こさないようにする。それが、許すことです。

　過去の出来事を許せずに心に引っかかり続けるのは、表現したいのにできなかった感情が今でもくすぶり続けているからではないでしょうか?

　例えば、怒りの感情。本当は言い返したかった。やり返す勇気がほしかった。ひと言、ふざけるなと怒ってやりたかった。もしくは、悲しみの感情でしょうか。本当はわんわん泣きたかった。助けてと言いたかった。

その場をやり過ごしたくて、誰かを心配させたくなくて、愛されたくて、怒ってなんかいないふり、悲しんでなんかいないふりをしたのかもしれません。

　許せない出来事のなかには、閉じ込められたままの感情が眠っている。これが、私の考えです。

　誰かにいじめられても自分なりにやり返すことができたり、悲しみを打ち明ける場所があった場合。つまり、感情を発散できたときには、それほど長く心にこびりつきません。

　例えば最近、「毒親」という言葉が話題ですが、親に同じような扱いを受けた人でも、一方はいつまでも親を許せず、もう一方は平気で許しているケースがあります。

　こういう差がでるのは、性格の良し悪し、心の広さ、傷つきやすさの違いによるものだと思われがちですが、私の考えでは、10代の反抗期のうちに、封印してきた親に対する怒りや悲しみを思い切りぶつけて、存分に発散できた人たちは、怒りを引きずらない。親への遠慮が大きかったり、親の洗脳が強すぎたりして、うまく発散できなかった人たちが、怒りや悲しみをいつまでも心に閉じ込めて、親のことを許せないのではないでしょうか。

　私自身、長い間母への怒り、許せない気持ちを引きずっていました。ですが、反抗期に怒りや悲しみを発散することができた父に対しては、そういう思いはありませんでした。

　許せない出来事には、封印された気持ちがある。だと

すれば、それを発散できれば、必ず許すことができます。

　そのとき起こったことをなるべく鮮明に思い出し、本当は表現したかった気持ちを、気がすむまで思い切り感じるんです。今度は「怒っちゃだめ、泣いちゃだめ」なんて言う必要はありません。「怒っていい、泣いていい。辛かったよね、悲しかったよね。腹が立つよね……」。そんなふうに、自分に声をかけてあげてください。

　誰か信頼できる人がいるならその人に話し、感情の爆発をそばで見守ってもらうのはとてもいい方法です。ただし、遠慮してうまく発散できない相手だと、意味がないので注意してください。

　もちろん、話せる人がいなくても大丈夫です。そのときの気持ちを紙に書きなぐりましょう。誰にも見せない秘密の文章です。好きなだけそのときの気持ちをぶつけてください。許せない人がまだ生きているなら、その人に直接ぶつけるのもひとつの方法です。相手は謝るどころか開き直ってくるかもしれませんが、そのときこそ過去の怒りを爆発させるチャンスです。思う存分やってやりましょう。相手が謝ってきたからといって、すぐに許す必要はありません。あなたの気がすむまで怒り、怒鳴り、泣き喚いてください。（ただし、意図的に相手を傷つけたり、暴力を振るったりするのはNGです。自分のためにやらないでください。）

　こうした取り組みのなかで、自分がすごく見苦しく思えた

り、恥ずかしく思えたりするときがあります。私も親を許す
まで、自分でも引くくらい泣いたし、怒ったし、近くで見守っ
てくれた人たちにもずいぶん迷惑をかけました。でも、そ
れはそういうものです。自分でもびっくりするくらいの感情
表現がでてきたら、うまくできている証拠です。

感情を閉じ込めたりガマンしても、必ずあとで帳尻合わ
せがやってきます。だったら今、溜まっている怒りや悲しみ
をゼロにしてしまいましょう。

すべてを出し切ったとき、あなたの「許せなかった出来
事」は、あなたの手を離れて、ずっと遠い過去へと消える
はずです。

（※注意！※　許せなかったときのことを思い出すだけで、パニッ
ク発作が起こる、過食や自傷に走ってしまうなどの激しい心の負担を
感じる場合は、必ず専門のカウンセラーの手を借りてくださいね！）

名言でわかる！　心のフローラ論

ハリー・エマーソン・フォスディック

人を憎むのは、ネズミ1匹追い出すために、
家全体を焼き払うようなものだ

アメリカの牧師、フォスディックの例えはとてもわかり
やすいです。人を憎むということは、そのたった1人だ
けを理由に、自分の人生を丸ごと暗くしてしまう危険性
をもっているのです。

悪玉菌が
増えすぎた人の目には

世の中がすべて
敵に見える

すべての言葉は悪口に
すべての人は悪人に見える

そして自分を守るために
人を攻撃しなければと考えてしまう

彼らに必要なのは

敵なんかいないんだよって
教えてあげることかもしれない

その人の中の悪玉菌が小さくなるように
手伝ってあげること

そして善玉菌を助けだせるように
手伝ってあげることかもしれない

この世に悪人は0.01％以下

　許せない過去の出来事には、必ず「許せない誰か」が登場します。

　あなたをいじめた同級生。あなたを虐げた親や兄弟、教師。あなたを裏切った友人。あなたに身体的・精神的な暴力を振るったパートナー。

　彼らはあなたの記憶のなかで、疑いようのない悪党に映っているかもしれません。

　また、社会を見回すと、許しがたい悪がはびこっているように思えます。

　殺人犯や強盗犯、人を自殺に追いやるいじめっ子。子を虐待する親、あるいは汚職に手を染める政治家。

　このような人たちを見ていると、人間は汚いものだ、悪いものだ、醜いものだ、と思えてきて仕方がないですよね。

　しかし、心の善玉菌と悪玉菌の存在を意識すると、世の中に悪党はほとんどいない、と言える気がしてくるのです。

　私たちは、誰だっていい人間でいたいはずです。人と愛し合い、助け合い、ポジティブな気持ちを感じていたい。世の中で悪党と言われる人たちでさえ、みんなそうなので

す。そんなの嘘だと思うのも無理はありません。でも、昔、彼らが子どもだった頃。そして、もっと昔、赤ちゃんだった頃。私たちが赤ちゃんだったときと同じように、未来への希望に胸を膨らませ、世の中のすべての人たちに期待し、愛して欲しいと願っていたのではないでしょうか。

彼らは周囲の影響で大きな悪玉菌を飼う運命を背負い、大きすぎる悪玉菌に乗っとられ、不幸な方に引っ張られてしまった人たちだと言えないでしょうか?

もちろん、大きい悪玉菌を心に棲まわせている人たちが、みんなみんな犯罪者になるわけではありませんし、平和に暮らすために、犯罪は当然取り締まられるべきです。

それでも、悪人になりたくてなっている人はいないはずです。適切なサポートを得られたら、愛してくれる仲間がいたなら、過ちを犯さずにすんだのでは?

人は、悪人だから悪事を働くわけではなく、ただ、大きすぎる悪玉菌に操られてしまうことで、悪事を働かずにいられなくなります。

私たちの心は、善玉菌と悪玉菌のバランスに操られている。この考え方が心底腹落ちすると、自分のことも、人のことも、責める気持ちがおきなくなってきます。

もちろん、腹が立つことは時々起こります。責めなくなったからといって、他人にされたことを笑顔で受け流せるわけではありません。

人を責めないことは、「雨が降ったって天気を責めない」ことに似ています。出先で雨に打たれてビチョビチョになると気分が沈むし、ついてないなと思うし、嫌な気分を引きずることだってありますが、天気を責めたって始まりません。

　誰かに嫌なことを言われれば落ち込むし、モヤモヤする。でも、その人を責めても始まらないんです。恨むのではなく、その誰かの苦しみが軽くなりますように、幸せになりますように、と祈るべきではないでしょうか？

　それが、世の中の苦しみを減らす唯一の方法だから。

　私は特定の宗教を信じているわけではありませんが、イエス・キリストの「敵を愛し、迫害する者のために祈れ」という言葉は、きっとそういう意味ではないでしょうか。

　もちろん、できて当然のことではないですし、今でもすぐに人を責めたくなる私がこんなふうにいろいろ言うのは、大いに気が引けることではあります。

　ただ強調しておきたいのは、人を許すことは、どこまでもあなた自身のためなのです。誰かを恨んでも、許しても、その誰かには、大した影響はありません。あなたの心の状況は、あなたに一番大きく影響します。

　誰かを恨みたくなったとき、「世の中に悪人はいない」と考えるのはきっといい方法です。あの人は、どうしてこんなことをしてしまったのだろうと想像することは簡単じゃない

けれど、自分の心に悪玉菌の「巣」を作らないためにも、チャレンジする価値があります。

サミュエル・ジョンソン

神様ですら、この世の終わりがくるまでは、
人間を裁こうとはなさらない

有名な言葉なので、ご存じの方も多いかもしれません。
人間の善悪を判断するのは人間ではない。きっとそう
いう意味ですよね。すべての人はある面から見れば悪
であり、ある面から見れば善であるという見方ができま
す。

7 章

もっとゆるく
考えて
生きていく

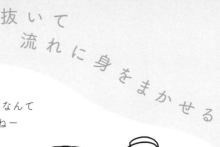

自分を肯定しろなんて
言われてもねー

私に肯定できる
ところなんてないし

ないから
悩んでるん
ですが‥

このままの私を肯定するなんて

ずっとこのままでいろって言うの？

でも　もしかしたら「自分を肯定できない」から
そこで足踏みさせられてるのかも？

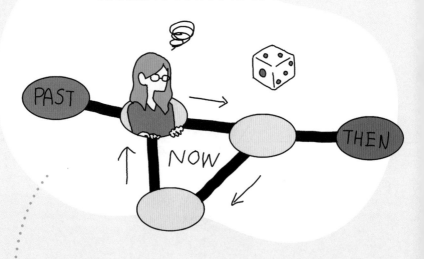

自分を肯定するって　力を抜いて
流れに身をまかせること

必死に計画を立てたり
コントロールしなくても

その流れはあなたを
ゴールよりもっといい場所に
連れて行ってくれる

「今より上の幸福」は、満足から始まる

　幸福とは、自分に満足すること。自分を肯定すること。
そういう前提で、ここまでお話を進めてきました。

　でも、今さらながら、その前提自体に違和感を覚える人
もいるかもしれません。「今の自分に満足するなんて嫌だ」
「今の自分を肯定してしまったら、これ以上幸せになれな
い気がする……」、きっとそんなふうに感じているのではな
いでしょうか。

　かくいう私も、なにかの書籍で「幸せは、心が決めるもの。
今すぐ幸せだと認めましょう」という一文を読んで、すごく
嫌な気持ちになったことがあります。そのときの私は、夫の
病気という悩みを抱え、世界中から裏切られた思いでいっ
ぱいでした。そんなときに、「今の自分が幸せだと思いなさ
い、それが幸せだよ」なんて言われたら、なんだかまるで「そ
れくらいの状況がお前にはお似合いで、それ以上なんて高
望みだよ」と言われている気がしたものです。
　でも、今ならはっきりと理解できます。「今すぐ幸せだと
認め、現状に満足すること」は、これ以上幸せになるのを
諦めることではありません。
　むしろ、まったくの逆です。

今を幸せだと認められる人だけが、今以上の幸せを手に入れられるのです。

　これを信じられないと思う人は多いかもしれません。私たちは一般的に、謙遜こそ正義、自分の落ち度を探し、自分のダメなところを常に見張って、それらを改善することが正しい道だと長い間教えられてきたので無理もないことです。
　自分にダメ出しして、あれがよくない、これを直すべきだと「がんばって」きて、ようやく今の自分の位置を保つことができている。そんなふうに信じていませんか?
　でも、あなたは本当に、ダメ出しをしたり、自分をいじめたりすることで成長してきたのでしょうか? そのことを一度でいいから疑ってみましょう。

　「褒めて伸びるタイプ」なんて言い方がありますけど、本当のところ、けなされて伸びるタイプの人はいません。これは、世界中で多くの科学者が証明している事実です。人は褒められることでやる気をだし、褒められることで能力を伸ばします。
　自分にダメ出しをすることで今の位置をどうにか保っているのではなく、自分に対して批判的になりすぎることで、成長できる自分の可能性をつぶしてきた可能性はないでしょうか? 自分を肯定することに戸惑いを覚える人ほど、自己否定によって自分の可能性を狭めているものです。

　それでも怖いと思ってしまう方、安心してください。大丈

夫です。自己肯定的な生き方を試してみて、もしもとんでもない目に遭ったなら、いつだって元に戻ることができます。自分を好きになるなんてやっぱり意味がないと思ったなら、自分を批判するやり方に戻ってください。試してみることは、あなたからなにも奪いません。

　私は安心して、あなたに自己肯定をすすめます。よほどやり方を間違えない限り、自分を肯定して、好きになって、不幸になる人はいないから。
　あなたは自分なんてこんなもんだと思っているでしょうけれど、私はまったくそう思いません。あなたはもっともっと楽しい思いをするべきです。
　いくらでも高望みしましょう。あんなふうになったらいいな。こんなことが起きたらいいな。もっと幸せになりたいな。
　今の自分に満足したら成長はそこで止まってしまう、なんていうのは、まったくの勘違いです。

　自己肯定感を高くもつことは「水に浮かぶことに似ている」（P30）と1章でお話ししたのを思い出してみてください。
　水に浮かんだ人は、そのままピタッと止まっているわけがありませんよね。そう、波に乗って、運ばれていきます。本人が必死に手足をバタつかせなくとも、スーッと、自然にどこかへ進んでいくのです。

　自己肯定感が高まった人も同じです。
　運命の波に乗ったかのように、どんどん人生が好転して

いきます。

　悪玉菌にそそのかされてバタバタもがいているときは、ものすごく疲れてしまうのに、「とてもがんばっている」のに、どこへも向かっていきません。

　悪玉菌をおとなしくさせて善玉菌を成長させると、運命の波に乗り、今よりもっともっと素晴らしい場所へ、知らないうちに運ばれていくのです。

　これは決してふんわりしたファンタジーのお話ではありません。

名言でわかる！　心のフローラ論

モーリス・メーテルリンク

人生を堂々と見つめる―自分自身の魂の中に安らぎと確信を見出す―こうした信念をもてば、幸福になる道が開ける

モーリス・メーテルリンクは『幸せの青い鳥』の作者。「幸福とはなにか」について深い洞察をもって語っています。幸福になるには、自分の人生を堂々と見つめること。その一見簡単なことが、なかなかに難しいのですけどね。

27 お金にならない ことはガマンする？

好きなことなんかやっても
お金にならないからと

嫌いなことをガマンして
仕事をしている人もいる
それが仕事ってもんでしょって

確かにお金は大事！
もちろん大事だけど

家賃

食費

洋服代

交際費

あれも これも
こーんなに
かかる！

大変だぞ

メイク代

もし十分なお金と時間が
手に入ったら、あなたはなにをする？

お金のこと
気にしなくて
いいんだったらー
……

旅行行ってー
家買って 服買って

それから…
あとは…

歌をちゃんと
学んでみたいな…

みんな好きなことをやるハズ

お金を稼いだ先にやりたいことが
「好きなこと」なんだったら

「好きなこと」をひたすらやり続けても
いいんじゃないだろうか

お金になる　ならないなんてことは
好きなことをやめる理由にはならない

好きなことをたくさんやる
結局幸せって　そのシンプルなことなんだから

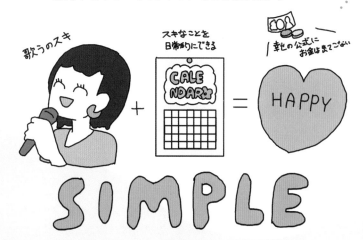

好きなことをやろう

　自己肯定感が高まれば、運命の波に乗り、幸せになれる。
これって、一体どういうことでしょう?

　善玉菌が育っていれば、人は大好きなことを思い切りや
れるようになります。好きなことを、好きなときに、好きなだ
け。
　じつは「好きなことを思い切りやる」というこのシンプル
なことこそ、人生を好転させる一番の鍵です。

　世間で言われていることとは真逆の話に聞こえるかもしれ
ません。好きなことじゃなく、人から求められることをする。
人に喜ばれることをする。そうすれば成功できると教えられ
てきましたよね。確かにそれは、お金を稼いだり、人に愛
されたり、成功を収める上でとてもわかりやすく、間違いの
ない方法です。でも、その方法を続けていると、必ず苦し
みに襲われます。
　だって、考えてみたら当然ではないでしょうか?
　私たちは本来、どんなに大人になっても、どんなに自制
心が身についても、結局のところ好きなこと以外はやりたく
ないんです。

大きな成功を手に入れたとしても、それを維持するために好きでもないことをやり続ける必要があるとしたら、苦痛でしかありません。

　好きなことをやって、成功する。そうでなければ、私たちは結局喜べない。

　だから、一番幸せになるためには、好きなことを追求すること以外にないはずです。

　この話を理解してもらうために私はよくヒカキンの例をだします。

　ヒカキンといえば、日本で一番有名なYouTuberです。ヒカキンは、決して「YouTuberになろう」と思って始めたわけではありません。なぜなら、彼がYouTubeを始めたとき、YouTuberなんてものは存在すらしていなかったのですから。

　彼は好きなことをただひたすら続けただけです。動画を作るのは、とんでもなく手間がかかるので、「どんな結果になるか?」だけを気にしていたら、あんなことは決してできません。力強い善玉菌に導かれて、ただ素直に好きなことをやった結果、あれほど大きな成功が手に入ったわけです。

　ヒカキンはたまたま幸運だっただけで、好きなことをやっても報われなかった人は山ほどいるじゃないか。好きなことをやって成功するなんて、ひと握りの人間だけ。好きなことばかりやっていたら、まわりのみんなにそっぽを向かれて失敗し、貧乏になり、惨めな思いをするだけだ。

そんなふうに言う人もいます。

　でも、例え好きでもないことを続けたとして、成功する保証はあるのでしょうか？

　好きでもないことで成功した人と、成功していなくても好きなことをしている人。どちらが本当に幸せだと思いますか？

　どうせうまくいかないからと好きなことをやめた人と、例えうまくいかなくても、楽しいから好きなことをやっている人では？

　極端にとらえる必要はありません。「好きなことをやろう」と言われると、「好きなことを仕事にしなくてはならない」と身構える人は多いですが、そんなふうに限定的にとらえる必要はないのです。

　お金にならないとわかっていても、大好きなお菓子を食べるでしょう？　それと同じです。好きなことは、ただ、やればいいのです。

　好きなことが仕事になるなら、それに越したことはないですが、仕事にならないとしても、やればいいのです。仕事にしなきゃと考えるから、「私にはやりたいことがない」なんて悩むことになります。

　好きなことを、ただ、やるんです。楽しいから、やるんです。嫌いな仕事をやっていてもいいのです。生きていくためにお金は必要ですから、どうにかして最低限は稼ぎましょう。環境が許すなら、誰かに養ってもらってもいいので、

とにかく好きなことをやる時間を確保しましょう。

　大それたことではなくても大丈夫です。漫画を読むのが好き。ご飯を食べるのが好き。お風呂に入るのが好き。旅行が好き。それがあなたの好きなことなら、本気になってください。

　とにかく、私たちは好きなことをやるべきです。
　それだけが、私たちに幸福をくれます。
　それこそが人間の自然な姿ではないでしょうか?

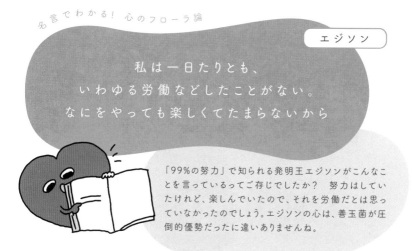

名言でわかる! 心のフローラ論

エジソン

私は一日たりとも、
いわゆる労働などしたことがない。
なにをやっても楽しくてたまらないから

「99%の努力」で知られる発明王エジソンがこんなことを言っているってご存じでしたか? 努力はしていたけれど、楽しんでいたので、それを労働だとは思っていなかったのでしょう。エジソンの心は、善玉菌が圧倒的優勢だったに違いありませんね。

あなたが今の場所にいるのは
決してあなたのせいじゃない

私たちは生まれながらに不平等で
与えられたものはみんな違っている

でも「こんなふうになりたくなかった」って
「こんな立場いやだ」って

愚痴を言うのにも
疲れてきたら

どうやったら楽しめるかを
考えてみよう

善玉菌が教えてくれる「好き」に身をまかせて
悪玉菌の悪口もちょっとは参考にして

そんなもん
作ってもムダ
だよー！
やめろー！

楽しむことを諦めなければ
幸せは強引にでもあなたの元にやってくる

あなたのストーリーがどんなふうに
展開するのか？
その行く末をお楽しみに

今 幸 せ に な る か 、
ずっと不幸でいるか

　私たちの心の中には善玉菌と悪玉菌がいる。

　善玉菌に餌をやって育て、悪玉菌を弱らせる生活をする。そして、許せなかったことを許せば、自己肯定感が上がり、人生は好転していく。

　幸せのコツは、まとめてしまえばたったこれだけです。

　とはいえ、何度もお伝えしている通り、実行するのは簡単ではありません。ネガティブな話題を目に入れないようにすることも、人の悪口や噂話に参加しないことも、毎日毎日、意志をもった選択をすることも。そしてもちろん、許せないなにかを許すことも。全然簡単ではありません。

　実践している間、孤独を感じることもきっとあるはずです。こんなことをやっても意味がないと思うかもしれません。悪口を言うのも聞くのも楽しい、自分にはそういう方が合っているんだ……と、これまでの暮らしを正当化したくなることもあるはずです。

　でも、もし本気で幸せを見つけたいなら、変えなければならないのは仕事でも環境でも、あなたのまわりの誰かでもなく、あなた自身の心だということを、どうか忘れないでく

ださい。

　これを「あなたが不幸なのはあなたが悪い」という話だと考えないでほしいのです。あなたは決して悪くありません。もし、不幸が誰かのせいだったとしても、その誰かがあなたに謝ってくれるまで待っている必要はないのです。自分で自分を救いだそうとさえ思えば、あなたが幸せになるのを止められる人はいません。

　私は人生を旅に例えるのが好きです。
　あなたは、旅が好きでしょうか？
　旅の楽しみといえば、やっぱり新しい経験。見知らぬ土地では、見るもの、聞く音、食べるものや街の香りまで、なにもかもが新鮮に映り、ワクワクさせられるものです。
　しかしそんな楽しい旅にも、トラブルはつきもの。スリにあったり、荷物を無くしたり忘れたり、体調を崩したり、同行者と気まずくなったり……といった苦い経験をすることは、誰にでも一度はあると思います。

　さて、そのときどうしたでしょうか？
　嫌なことは心にちらつくし、すぐに忘れることはできないけれども「まあ仕方がないことだ」「せっかく旅に来たのだから、楽しもう」と思いませんでしたか？

　限られた時間、今しか居られない場所にいるのに、それを楽しまないのはもったいない。旅行では、誰しも自然にそう考えるものです。

人生はあまりにも長い旅ですから、私たちはこれが旅であることを忘れてしまいがちです。なにもないところから生まれて、なにもないところへ帰っていく。限られた時間、今しか居られない場所に、私たちはいるのです。まさに今、こうしているたった今、この瞬間も。

　なんて、ちょっと壮大すぎたでしょうか。
　でも、時々はそのことを思い出してみませんか？

　うれしいこと、楽しいこと、悲しいこと、苦しいこと。さまざまな人との出会いや別れ。そのすべてが、かけがえのない体験です。せっかくの人生を、あなただけの素晴らしい旅を、大切に楽しんでください。

ヘンリー・ヴァン・ダイク

人生を喜び楽しめ。人生は人を愛し、
働き、遊び、星を眺める機会を与えてくれる

アメリカの作家、教育者、外交官、聖職者、ヘンリー・
ヴァン・ダイク。人生を喜び楽しめ。これほどストレート
なメッセージがあるでしょうか。ある意味、この本でお
伝えしたいことはこの一言ですんでしまいます。喜び、
楽しむ。これだけですね。

人は1人では
不幸にならない

KOKESHI

誰かの犠牲になって傷を負うんです

傷ついた人たちは　人知れず
誰かを救ったヒーローなんです

その勇気と愛を
今度は自分のために使ってみてほしい

あなたを犠牲にした人を
ちゃんと責めて

それから許してあげる
ためにも

ヒーローはもう
廃業にして

ただ気楽にのんびり
のほほんと暮らしてね

「自分のことを
憎んでいるあなたへ」

　自分のことが嫌いなあなた。

　あなたは真面目で、優しくて、素敵な人ですね。

　自分のことを知りもしないくせに、適当なことを言うなと思うかもしれません。

　でも私は知っています。

　自分のことを嫌いな人はみんな、真面目で優しい人なのです。

　ずっとずっと昔、あなたは愛する人たちを憎む代わりに、自分を憎むことを覚えました。

　あなたが自分を犠牲にして守ったのは、一体誰でしょうか?

　大好きなお母さんが、大好きなお父さんが、褒めてくれなかった。あなたを貶した。放っておかれた。失敗を責めたり、成功を当然のことだと言って相手にしてくれなかった。

　もしくは、あなたのお友達でしょうか?　あるいは、恋人でしょうか?

　愛を注いだ相手が、あなたのある部分を、あるいはすべてを否定した。

　そのとき、相手を憎むより、許すことを選びました。理不尽な行いを許しました。理不尽な言葉を真実だと思い込む

ことによって。

　あなたは同意しました。

　あなたがダメだということに。

　劣っているということに。

　価値がないということに。

　この世の邪魔者だということに。

　もっとダメじゃなくなれば、もっと優れた存在になれば、価値ある存在になれば、この世の役に立てれば、きっと苦しくなくなるはず、幸せになれるはず。きっとあの人も笑顔になってくれるはず。

　いい人間になるために、今までたくさんのことをがんばってきましたよね。

　どれだけつらい思いをしてきたでしょう。

　そして、がんばればがんばるほど、「足りない」ことを思い知らされてきました。

　いろいろな賞、他人からの褒め言葉、客観的評価、ありとあらゆるものを心に詰め込むけれど、それでも埋まらず、かえって広がっていくみたい。

　どんなにがんばったって、どんなに結果をだしたって、心の中に空いた穴は埋まらない。

　あなたは、いっそう自分を責めましたね。

　心に空いた穴が心の傷だということに、気づかないふりをしています。気づきたくない。愛する人があなたを傷つ

けたと思いたくないから。

　でも、もう十分ではないでしょうか？　あなたはもうずっとずっと前に、それが傷だということを理解しているはずです。
　その傷を、傷として認め、適切な処理をして治してあげてください。
　そんな傷はいらないのです。

　あなたはダメではない。
　劣っていない。
　価値がないわけではない。
　この世の邪魔者ではない。

　いえ、あなたがダメかどうか、劣っているかどうか、価値がないかどうか、この世に必要とされているかどうか。そんなことはなにもかもどうでもいいのです。
　あの人や世間が考えた、一方的な基準に過ぎない。

　愛したあの人が、あなたを確かに傷つけたということを、認めてみてください。
　間違っていたのは、あなたではなくあの人だったんです。
　でも同時にわかってほしいのです。あの人は悪い人間だったわけではない。ただ、弱かっただけです。
　その人の間違いを許してあげてほしいと、私はあなたに頼みます。

それがあなたの傷を癒す、たった一つの方法だから。

　これまでの苦しみからあなたを解放し、あなたを肯定する魔法だからです。

　自分のことを嫌っているあなたへ。

　過去の私みたいなあなたへ。

　あなたが勇気をもって、あなたを傷つけるものから去っていけますように。

　きっと、強くなって、好きなコトやモノのために突き進んで行けますように。

EVERYDAY LIFE....

RELAXING

RAINY

SUNNY

THUNDER!

HPPINESS
THIS
WAY

GO
GO!

　私がこの本の元になったブログ記事「不幸脱出マニュアル」を書いたのは、ちょうど去年の夏のことでした。

　プロローグでも書いたように、足をモミモミしていたら唐突に「心のフローラ論」が頭にひらめき、なぜだかわからないけど、これを書かなければいけない、書くのは自分の使命だ！という気がして、お盆休みの間実家に引きこもり、子どもの遊び相手を両親に頼んで夢中で書きあげました。

　まさに、心の善玉菌に突き動かされた行動でした。

　私は昼夜を忘れてキーボードを叩きながら、「善玉菌がこれほどの強さで私に『書かせて』いるのだから、この文章はなにか素晴らしいことを生みだすに違いない」とぼんやりと考えていたので、書籍化の話をいただいたときは「ああ、なるほどこういうことか」と、妙に納得したものです。

　最初にブログで書いた頃から現在に至るまで、心のフローラ論に対する確信は全然変わっていませんし、今現在も「善玉菌を育てること」「悪玉菌が増えすぎないように注意を払うこと」をずっと続けています。

　それでも、心境の変化はありました。

　予想していたことでしたが心のフローラ論をひらめく前の自分の気持ちが、ほとんど思い出せなくなったことです。

　嫌いなことは極力やらないで、優先的に好きなことをやる。自分を責めずに肯定する。どんな感情が心に浮かんでも、そのことで自己嫌悪になったりしない。

　なんだかどれもこれも当たり前で、昔はなぜこんな普通のことが

できなかったのか？　悪玉菌が減っていくに従って、さっぱりわからなくなってしまいました。

　だから、改めてブログの内容を整理してこの本を書くのはちょっとだけ大変でした。心のフローラ論というヘンテコな話を説明して、紹介するからには実践してもらいたいと思いながら書いていましたが、途中でついつい「この内容、当たり前のことしか言ってなくない？」「好きなことをやって暮らすとか、みんな普通にやってるんじゃない？」なんて考えてしまって。

　すぐに考えが飛躍して、悩みだすのは子どもの頃から変わらない私の癖です。
「この本、書く意味あるんだろうか？」

　そんな疑問を吹き飛ばしてくれたのは、友人でした。
　彼女は出会った頃からずっと、いつもなにかしらのことで悩んでいて、助けになりたいと思って話を聞きますが、聞けば聞くほど、励ませば励ますほど、迷宮に引っ込んでいってしまう人です。
　彼女はいつも私に「苦しい」という感情は教えてくれますが、「どうしたらいいと思う？」とは聞いてくれません。聞かれもしないのにアドバイスするのは、考えの押しつけです。尋ねてくれさえすれば、私なりに役に立てると思うのに。心のフローラ論を紹介することもできるのに。彼女の気持ちに共感することしかできない自分が、いつも歯痒くてたまりません。

　彼女のためになら、この本を書く意味があると思いました。

　彼女がいつか、本気で幸せになりたい、悩むのはもうウンザリだと思ったときに、助けになる本にしようと思いました。出版すれば、私が偉そうに考えを押しつけなくても、彼女が自分から手を伸ばし

て読むことができます。手にとって、好きなペースで読むことができる。「なんか違うな」と思えば、本を閉じることができる。なんとなく本棚にしまっておいて、気が向いたときだけ手にとって読んでみることもできる。

　彼女に心のフローラ論が絶対に役に立つなんてことは私には言えません。でも、ここに書いたことが、私の考えられるベスト、精一杯の知恵であることは間違いありません。

　彼女は私の友人ですが、過去の私、心のフローラ論を知る前の私にそっくりな人でもあります。そして、世の中にたくさんいるであろう彼女に似ているすべての人たちのためにこの本を書きました。

　私は、そんなあなたに呼びかけます。こんな考え方もありますよ、と。
　悪いのはあなたではないですよ。悪玉菌を減らしてみるのはどうですか、善玉菌を増やすと楽しいですよと。
　この内容を実行してもらって、あなたの人生がハッピーになったらすごく嬉しいです。でも、ただの読み物として楽しんでいただくだけでもまったく構わないし、絵を見るだけでも嬉しいし、こんな考え嫌いだ！って無視したり、批判していただいても構わない。

　あなたにとって役に立つものだけを、気まぐれに、もっていってくれたらいいなと思うのです。

　とにかく私はここで祈っています。
　あなたがこの先の毎日を楽しく過ごせますように！

2021年6月　　描き子

名言引用の出典

- P29、P37、P45、P81、P89、P99、P115、P123、P131、P141、P157、P165、P229、P237、P247、P255、P263：『D・カーネギー名言集』D・カーネギー著、ドロシー・カーネギー編纂、神島康訳　創元社

- P55：『幸福と平和への助言』ダライ・ラマ著、今枝由郎訳　トランスビュー

- P65：『現代語訳　論語』齋藤孝著　筑摩書房

- P73：『思考は現実化する―アクション・マニュアル、索引つき』ナポレオン ヒル著、田中孝顕訳　きこ書房

- P107：『ラ・ロシュフコー箴言集』二宮フサ訳　岩波文庫

- P149：『人間的な、あまりに人間的な』フリードリヒ・ニーチェ著、阿部六郎訳　新潮社

- P221：『マーフィー 成功者のルール 完全版』佐藤富雄著　ゴマブックス

推しにも石油王にも出会えない私たちの幸福論

発行日　2021年6月25日　第1刷

Author　　　　　　描き子

Book Designer　　岩永香穂（MOAI）

Publication　　　株式会社ディスカヴァー・トゥエンティワン
　　　　　　　　　〒102-0093 東京都千代田区平河町2-16-1 平河町森タワー11F
　　　　　　　　　TEL　03-3237-8321（代表）03-3237-8345（営業）
　　　　　　　　　FAX　03-3237-8323
　　　　　　　　　https://d21.co.jp/

Publisher　　　　谷口奈緒美
Editor　　　　　　大竹朝子　小石亜季

Store Sales Company

梅本翔太 飯田智樹 古矢薫 佐藤昌幸 青木翔平 青木涼馬 小木曽礼丈 越智佳南子 小山怜那
川本寛子 佐竹祐哉 佐藤淳基 副島杏南 竹内大貴 津野主揮 直林実咲 中西花 野村美空
廣内悠理 高原未来子 井澤徳子 藤井かおり 藤井多穂子 町田加奈子

Online Sales Company

三輪真也 榊原僚 磯部隆 伊東佑真 大崎双葉 川島理 高橋雛乃 滝口景太郎 宮田有利子
八木眸 石橋佐知子

Product Company

大山聡子 大竹朝子 岡本典子 小関勝則 千葉正幸 原典宏 藤田浩芳 王廳 小田木もも 倉田華
佐々木玲奈 佐藤サラ圭 志摩麻衣 杉田彰子 辰巳佳衣 谷中卓 橋本莉奈 牧野類 三谷祐一
元木優子 安永姫菜 山中麻吏 渡辺基志 安達正 小石亜季 伊藤香 葛目美枝子 鈴木洋子
畑野衣見

Business Solution Company

蛯原昇 安永智洋 志摩晃司 早水真吾 野崎竜海 野中保奈美 野村美紀 羽地夕夏 林秀樹
三角真穂 南健一 松ノ下直輝 村尾純司

Ebook Company

松原史与志 中島俊平 越野志絵良 斎藤悠人 庄司知世 西川なつか 小田孝文 中澤泰宏 俵敬子

Corporate Design Group

大星多聞 堀部直人 村松伸哉 岡村浩明 井筒浩 井上竜之介 奥田千晶 田中亜紀 福永友紀
山田諭志 池田望 石光まゆ子 齋藤朋子 福田章平 丸山香織 宮崎陽子 岩城萌花 内堀瑞穂
大竹美和 巽菜香 田中真悠 山礼真 常角洋 永尾祐人 平池輝 星明里 松川実夏 森脇隆登

Proofreader　　文字工房燦光
DTP　　　　　　株式会社RUHIA
Printing　　　　シナノ印刷株式会社

https://d21.co.jp/inquiry/
ISBN978-4-7993-2764-7
©kaqico, 2021, Printed in Japan.